At hvile i Godhedens Favn

-

Hans Peter Kofoed-Hansens
skønlitterære forfatterskab

Af samme forfatter

Jens Langkniv - En jysk Robin Hood? (1993)

Det egentlige liv - En bog om Johannes Buchholtz (1995)

Jeppe Aakjær - Spillemand og stridsmand (1999)

„De er en helt!" - Venskabet mellem Johannes Buchholtz
    og Jeppe Aakjær (2000)

Jeppe Aakjær - En CD-rom præsentation (2004)

Kierkegaards saltomortalespring - En boggave fra
    Søren Kierkegaard til Regine Olsen (2019)

Seriemorderen John Christie fra Rillington Place (2021)

Henrik Fibæk Jensen

At hvile i Godhedens Favn

-

Hans Peter Kofoed-Hansens
skønlitterære forfatterskab

Livet havde ligesom kastet mig
ud paa Tilfældets Strømninger;
Grund under Fødderne
havde jeg egentlig ikke mere.
(Sandro i *Død i Liv*, s. 292)

Books on Demand

2023

Forsiden
Hans Peter Kofoed-Hansen (frise af Hans Nikolaj Hansen
i P. Hansens *Illustreret Dansk Litteraturhistorie* fra 1886).
Kofoed-Hansen bærer en kalot, fordi han nærede stor forkær-
lighed for katolicismen, som han konverterede til i 1887.

© 2023 Henrik Fibæk Jensen
Forlag: BoD – Books on Demand, Hellerup, Danmark
Tryk: BoD – Books on Demand, Norderstedt, Tyskland
ISBN: 9788743004035

INDHOLD

ger side (70) * Vejen mod afgrunden (72) * I afgrunden (74) * Hinsides afgrunden (80) * Tre dødsfald og en emigration (81) * En amputeret hjemkomst? (83) * Filosoffen og digteren: Kierkegaard og Kofoed-Hansen (86)

FORORD

Hans Peter Kofoed-Hansen. Jean Pierre. To navne, én person. Det
første var mandens borgerlige navn, det andet var et pseudonym,
hvorunder han udgav fem skønlitterære bøger. De var alle "dybsin-
dige romaner med titler, velegnede til at skræmme det store publi-
kum langt bort med" (Poulsen/34). Mange læsere fik de da heller ik-
ke, hverken dengang eller siden hen (Neiiendam): "Hans Forfatter-
skab var i det store og hele glemt, før han døde".

Hans Peter Kofoed-Hansen (1813-1893) nød dog stadig mange år
efter sin død en vis anerkendelse blandt litterater. I danske litteratur-
historier frem til 1930'erne blev der pligtskyldigt ofret et par sider på
ham. Han figurerer således i P. Hansens *Illustreret dansk Litteratur-
historie* (1886), Vilhelm Østergaards *Illustreret dansk Litteraturhi-
storie - Danske Digtere i det 19de Aarhundrede* (1907) og Carl S.
Petersens og Vilhelm Andersens *Illustreret dansk Litteraturhistorie
1-4* (1924-1929). I Svend Norrilds *Dansk Litteratur fra Saxo til Kaj
Munk 1-2* (1949) og senere litteraturhistorier søger man derimod for-
gæves Kofoed-Hansens navn. Han omtales således ikke i *Dansk lit-
teraturhistorie 1-4* (1962-1964), *Dansk litteraturhistorie 1-9* (1984-
1985) og *Dansk litteraturhistorie 1-5* (2006-2009). Han er heller
ikke medtaget i fagspecifikke leksika som *Gads danske forfatterlek-
sikon - Litteraturens stemmer* (1999) og *Dansk forfatterleksikon -
Biografier* (2001). En sådan total glemsel er en altfor hård og uret-
færdig skæbne.

Alting er dog ikke ren bedrøvelighed. I 1920 blev P.P. Jørgensen
således dr. phil. på disputatsen *H.P. Kofoed-Hansen (Jean Pierre)
med særligt Henblik til Søren Kierkegaard*. Hans mastodont var et
*Bidrag til Belysning af aandskulturelle Strømninger i det 19. Aar-
hundredes Danmark,* som undertitlen lød. Jørgensen var uhyre be-
læst i 1800-tallets litteratur, og hans værk bugner af nyttige informa-
tioner og referencer. Hans kritiske indføring i Kofoed-Hansens om-
fattende faglitterære forfatterskab er upåklagelig og bundsolid. Ud-

over *Kjød og Aand* ofrer Jørgensen dog ikke mange kræfter på Kofoed-Hansens fem fiktionsværker (de to sidste nævner han knap nok).

Der er derfor behov for en bog, der sætter spotlight på *digteren* Kofoed-Hansen. I sine Jean Pierre-romaner rejser han nemlig eksistentielle spørgsmål omkring liv og død, skæbne og forsyn, som har almenmenneskelig interesse, hvortil kommer, at de er velkomponerede og i lange passager elementært spændende. Sproget vil dog nok stedvist forekomme mange læsere noget tungt. Alligevel: De er yderst læseværdige for alle, der reflekterer over, hvad det vil sige at være et menneske. Især personer som elsker Kierkegaard vil føle sig draget mod Kofoed-Hansens tungsindige men samtidig ultimativt opbyggelige univers.

At hvile i Godhedens Favn er disponeret på den måde, at jeg først giver en introduktion til Kofoed-Hansens liv og faglitterære forfatterskab (afsnit 1). Herefter gennemgår jeg hans Jean Pierre-bøger én efter én i kronologisk rækkefølge (afsnit 2-6). Disse afsnit kan læses uden, at man har kender romanerne på forhånd, da handlingsreferater og analyser/fortolkninger går hånd i hånd. Jeg runder af med en citatmosaik (afsnit 7) efterfulgt af en sammenfatning af det livssyn, Kofoed-Hansen byggede sine romaner på (afsnit 8).

I 1886 spåede P. Hansen (491): *"Kjød og Aand* vil altid indtage en mærkelig Plads i vor Romanlitteratur som et modent Værk af en alvorligt undersøgende Aand". Romanen fik imidlertid aldrig denne plads, og udover at skaffe Kofoed-Hansen nogle nye læsere håber jeg også med min bog at drage ham frem fra glemslens mørke for de litterære smagsdommere, som bestemmer, hvem der får det blå stempel. Ligesom eksempelvis Carl Bernhard og Poul Chievitz i dag indtager deres berettigede pladser i danske litteraturhistorier i kraft af hhv. *Lykkens Yndling* (1837) og *Fra Gaden* (1847), bør Kofoed-Hansen retfærdigvis gøre det samme pga. sit hovedværk *Kjød og Aand* (1845).

1. HANS PETER KOFOED-HANSENS LIV
- ET BIOGRAFISK RIDS

Barndom (1813-1827) - Hans Peter Kofoed-Hansen (den 15. maj 1813 - den 4. december 1893) voksede op på herregården Aastrup, beliggende mellem Holbæk og Roskilde, hvor hans far var forpagter. I sine erindringsfragmenter omtaler Kofoed-Hansen begge sine forældre med stor respekt, men det var især hans "fromme Moder, [..] der nedlagde Gudsfrygtighedens Sæd i mit Hjerte" (J/6).

Sammen med sine fem søskende voksede han op i en naturskøn egn, som han til fulde forstod at værdsætte. I et ungdomsdigt skrev han (J/1): "Der, hvor første Gang mit Øie/Solen saae i Straale-krands,/Stige frem bag Danmarks Høie/Plukker jeg mig Glædens Krands". Men på trods af sin trygge opvækst plagedes han af mørke tvangstanker. Ligesom H.C. Andersen, der altid sov med en seddel på sin natskjorte, hvor på der stod "Jeg er ikke død, jeg sover kun", nærede han således en nærmest invaliderende gru for at blive levende begravet. En sommernat greb denne angst ham så stærkt, at han løb skrigende ind i sine forældres soveværelse, hvor hans far trøstede ham med, at det slet ikke var muligt at overleve i dagevis i en ligkiste. Angsten slap alligevel aldrig sit tag i Kofoed-Hansen, hvilket tydeligt fremgår af romanen *Livslænker*.

Elev på Roskilde Katedralskole (1827-1832) - Som barn blev Kofoed-Hansen undervist hjemme, indtil han i 1827 startede på Roskilde Katedralskole. Især dansklæreren Johannes Hage kom til at betyde meget for ham, fordi han lærte ham glæden ved at læse skønlitteratur - "igjennem ham naaede Tonerne af mit Fædrelands Digtekunst først saaledes mit Øre, at mit Hjerte blev grebet deraf" - og gav ham et dybt indblik i "Naturens Herlighed og Menneskelivets Sammenslyngninger" (J/15). Også Kofoed-Hansen senere kamp for politisk frihed blev vakt til live af Hage (J/17): "O, Frihed du, som ene Manden skjænker/Det Værd, som gi'er ham Mod i Liv og Død".

I gymnasietiden knyttede Kofoed-Hansen et nært venskab med Johan Nicolai Lange, som varede livet ud.

Studerende ved Københavns Universitet (1832-1837) - Efter at studentereksamenen var i hus, begyndte Kofoed-Hansen i 1832 at læse teologi ved Københavns Universitet.

Han blev indlogeret i Kronprinsessegade hos den berømte komponist C.E.F. Weyse, der opfattede ham som en blanding af en filosof og en fusentast (Neiiendam). Når værten sad i sin hyggelige stue og spillede klaver med sin elskede papegøje på skulderen, aflagde Kofoed-Hansen og Lange ham tit et besøg for at vise ham nogle af deres digte. "Naa, lad mig saa see noget af det Skidt, I har skrevet!" udbrød Weyse muntert (J/48). "O Alt hvad bittert man paa Jord har fundet/Indsluttes i de Ord: "Det er ei meer!"", hed det i noget af Kofoed-Hansens "Skidt" (J/53).

I sit rusår fulgte Kofoed-Hansen bl.a. forelæsninger af fysikeren H.C. Ørsted og filosoffen F.C. Sibbern. Pligtopfyldende koncentrerede han sig selvfølgelig mest om sit fagstudium teologi. Den toneangivende lærer var professor H.C. Clausen, der var en kritisk rationalist, som også gav plads til følelser. I 1825 været indblandet i en polemik med N.F.S. Grundtvig, som endte med, at den store salmedigter i en periode kom under politisk censur.

Over en bred kam var de studerende fascineret af den tyske modefilosof Hegel, der ifølge teologen H.L. Martensen indspandt eftertænksomme unge "i et magisk Net" (J/35). Bare ærgerligt at han var så hulens svær at forstå. "Jeg sled i den hegelske Filosofi, saa det knagede", beklagede Johannes Fibiger sig, og Ribe-bispen Tage Müller erklærede rent ud: "Jeg for min Part maa opgive at forstaae den hegelske Philosophie" (J/40). Der var vist noget med, at alle modsætninger - herunder den mellem tro og viden - lod sig forene, fordi verdenshistorien i sin fremadskriden fulgte "den Hegelske Treklang: Position, Negation, Mediation" (J/361). Hegels filosofi affødte hede polemikker 1830'erne, indtil Søren Kierkegaard i det følgende årti lagde den i graven: Alt lader sig alligevel ikke forene eller mediere, og da slet ikke modsætningen mellem tro og viden.

Hvor meget Kofoed-Hansen som studerende interesserede sig for Hegel er usikkert. Derimod optog et andet af tidens store debatemner ham voldsomt: Har vi en sjæl, som lever videre i al evighed, eller er alt fordi med vores fysiske død? Hvordan man besvarer dette spørgsmål bliver udslagsgivende for, hvordan man lever sit liv. Et af de vigtigste skrifter i debatten var Poul Martin Møllers *Tanker over Muligheden for at bevise Menneskets Udødelighed* (1837).

Som en myreflittig studerende kæmpede Kofoed-Hansen sig igennem det obligatoriske pensum, og i 1837 færdiggjorde han sit studium med et glimrende resultat (J/25):

Hr. Candidatus Theologiæ Johannes Peter Kofoed Hansen har fra 1833 Efteraar til 1837, Mai – dyrket det theologiske Studium ved Universitetet. Han har i dette Tidsrum med uafbrudt Flid benyttet Forelæsninger over forskjellige theologiske Discipliner, og deeltaget i skriftlige og mundtlige Øvelser, hvorved han aflagde Vidnesbyrd om videnskabelig Interesse og tænksomt Studium.

Ved den offentlige Examen, som han underkastede sig i Foraaret 1837, godtgjorde han at være i Besiddelse af meget gode Kundskaber, understøttede af Evne til Meddelelse og Tankeudvikling, hvorfor der tilkendes ham Charakteren Laudabilis.

Laudabilis, dvs. rosværdigt, var den højest mulige karakter. Nu var han rede til at søge embede.

Lærer ved Odense Latinskole (1837-1849) - I lighed med eksempelvis N.F.S. Grundtvig og mange andre teologer gik Kofoed-Hansen ikke den lige vej fra universitetet til præstegården. Nej, han søgte og fik i 1837 en stilling som lærer ved Odense Latinskole. I sin ansøgning understregede han, at "et virksomt Liv" var langt mere tiltrækkende for ham end "den døde Ro" (J/337), og det viste han da også til fulde i sine Odense-år. Hele fire fag kom han til at undervise i - hebraisk, naturhistorie, tysk og engelsk – og han var en så vellidt

lærer, at han tre gange kom til at holde tale ved de fester, man af-
holdt på skolen på Kong Christian VIIIs fødselsdag. To af disse taler
om hhv. *Nationalitetens Væsen og Betydning* og *Fædrelandskjærlig-
hedens Natur og indre Berettigelse* blev publiceret.

Ved siden af lærergerningen deltog Kofoed-Hansen med fynd og
klem i det lokale kulturliv fokuseret omkring *Fyens Stifts Læserfore-
ning* og *Odense Klub*. Livet igennem fortsatte han med at være
brændende engageret i tidens store spørgsmål, og en lind strøm af
debatbøger, prædikensamlinger, pjecer, avisartikler og tidsskriftbi-
drag flød fra hans hånd.

Uanset hvilken emne, han tog under behandling, hvilede hans stil-
lingtagen på hans forståelse af, hvad det vil sige at være et menne-
ske. Dette grundsyn lå urokkeligt fast fra først til sidst og var centre-
ret omkring to solide og uangribelige søjler.

Den første søjle var hans tro. Kristendommen skænker os synder-
nes forladelse og giver os lovning på det evige liv, uden den var man
intet (J/390): "Ethvert Liv uden Troen, den christelige Tro, er væ-
sentligt seet et Liv i Fortvivlelsen, om dets Fremtoning er nok saa
bedaarende og glimrende". *Den anden søjle* var hans kærlighed til
fædrelandet (J/353):

Nationaliteten staaer [..] ligeoverfor den Enkelte som hans Skæbne [..].
Nationaliteten er hans aandelige Livs Moder, der sang hans Barndoms
Vuggesang, giver ham Feltraabet for hans Manddoms Kamp og engang
skal synge Seirssangen ved hans Grav.

Sit fødeland og dets historie må man elske, det skylder man alt (J/
361): "Resultatet af Alt, hvad der er gaaet forud [..] er vi". Af de to
søjler var den første den absolut væsentligste (J/561):

Jeg kjender kun eet, der skal gaae mig foran Kone og Børn, og det er mit
Forhold til Christus. [..] kom der Collision mellem Fædreland og Kone og
Børn og Collisionen ellers var reen, Valget uden Brøde, saa ere Kone og
Børn mig nærmere end Fædrelandet.

Det kristne engagement førte ham ud i mange kontroverser om, hvad sand kristendom var, og hvad præstens rolle burde være, det politiske ditto resulterede i, at han tilsluttede sig den nationalliberale bevægelse og bl.a. advokerede for et fællesnordisk forsvarsforbund, et Danmark til Ejderen og en nedbrydning af skellet mellem de forskellige stænder (han var den første til at latterliggøre al adelssnobberi).

Kofoed-Hansens samfundsengagement kulminerede i Odense-årene med, at han dels søgte en stilling som redaktør på *Fyens Avis* og dels forsøgte at blive indvalgt i den stænderforsamling, som rådgav den enevældige konge. Begge dele mislykkedes, og herefter affandt han sig med rollen som en ivrig debattør, der stod på sidelinjen og "nøjedes" med at lufte sine meninger. Han kaldte sig ligefrem "en Ikkepolitiker" (J/397).

Mens Kofoed-Hansen var lærer i Odense, påbegyndte han med *Dialoger og Skizzer* (1840) og *Liv af Død* (1842) et skønlitterært forfatterskab. De to romaner bar ikke hans eget navn på titelbladet, men derimod det sydlandsk klingende pseudonym Jean Pierre. Alle de faglitterære værker, avis- og tidsskriftartikler, Kofoed-Hansen i øvrigt skrev, lagde han sit borgerlige navn til, hvorved de fem Jean Pierre-titler, han publicerede i løbet af sit liv, kom til af stå som en særskilt sektion af hans samlede forfatterskab. De var poetiske bøger hævet over hverdagenes ævl og kævl.

Kofoed-Hansen pseudonym var meget utraditionelt, fordi det bestod af to fornavne og intet efternavn. Det skyldtes, at han siden sin tidligste ungdom havde han været dybt fascineret af den tyske, romantiske digter *Johann Paul Friedrich Richter* (1763-1825), som til gengæld var så betaget af den franske filosof *Jean-Jacques Rousseau* (1712-1778), at han udgav sine bøger under pseudonymet Jean Paul. Resolut smed Kofoed-Hansen sit efternavn væk, mens han med et elegant frankofilt tvist forvandlede Peter til Pierre. Rousseau er dag stadig højaktuel især pga. de banebrydende pædagogiske tanker, han udfoldede i *Emile eller Om opdragelsen* (1762), hvorimod Jean Paul, hvis romaner kredsede om ånd/krop-dualismen og

Jean Paul (ukendt kunstner)

Den unge Kofoed-Hansens to
store inspirationskilder

Jean-Jacques Rousseau
(gravering af Pierre
Michel Alix, 1791)

det ubevidste sjæleliv (han introducerede det i romantikken så højt yndede dobbeltgængermotiv) i nogen grad er gået i glemmebogen. Under Kofoed-Hansens opvækst forholdt det sig anderledes. I sine erindringer *Da Voldene stod* (1905) skrev Schorn (J/215):

I det Hele taget havde denne Forfatter [Jean Paul] i hin Periode [omkring 1820] en langt større Indflydelse i visse Kredse her hjemme, end den betydelig sundere Goethe. Det var Jean Pauls Portrait, der hang paa Væggen og ikke Goethes; det var Jean Pauls Portrait, der var opklæbet i Laaget paa Damernes Syæsker.

Allerede efter få år i Odense begyndte Kofoed-Hansen at få udlængsel. Selvom Fyns hovedstad var Danmarks næststørste by, lå den nu alligevel langt fra de kulturelle kraftcentre i København og i de tyske universitetsbyer. Flere gange søgte han om rejsestipendier til det store udland, hvor han angiveligt ville dyrke sin interesse for filosofi og udvikle sin ånd. Han fik et legat i 1842 og foretog samme år en dannelsesrejse til Tyskland, Belgien og England, som strakte sig ind i det følgende år. Den fik stor betydning for ham, fordi han blev konfronteret med anderledes styreformer og kulturer.

Hans-Peter Kofoed Hansen (tegning udført af kunstmaleren Elisabeth Jerichau Baumann i Rom omkring årsskiftet 1847-1848). Jørgensen anvendte det fine portræt i sin doktordisputats om Kofoed-Hansen.

Elisabeth Jerichau Baumann (1819-1881) blev født i Polen og uddannede sig i Düsseldorff, hvorefter hun levede en årrække i Rom. Her mødte og ægtede hun kunstmaleren Jens Adolf Jerichau (1890-1916). Parret tog fast ophold i Danmark i 1849.

I årene 1847-1848 gæstede Kofoed-Hansen Frankrig og Italien på endnu et rejselegat. Han ville, som han skrev i sin ansøgning, dennegang udforske "den indre Betydning af Samfundslivets Phænomener" (J/367), og det var derfor heldigt nok, at rejsen foregik i det store revolutionsår 1848. I en række breve hjem til *Fyens Avis* fortalte han bl.a. om, hvordan han han truffet digteren Heinrich Heine, hørt paven prædike i Peterskirken første juledag 1847 og derefter deltaget i skandinavernes julefest "med Efeukrans om Tinding" (J/391). Indtryk, erfaringer og oplevelser fra udlandsrejserne brugte han flittigt i sine tre sidste Jean Pierre-romaner.

Efter den anden rejse sagde han farvel til lærergerningen og iførte sig præstekjolen. Den umiddelbare grund til dette hamskifte var, at han var blevet forlovet med en af sine tidligere elever, Sophia Isabella Lætitia Moltke (1827-1898), som var datter af Adam Gottlob greve Moltke, til Espe. En kvinde med en så fornem, adelig baggrund kunne Kofoed-Hansen umuligt forsørge standsmæssigt på en lærerløn.

Kapellan på Christianshavn (1849-1850) – Et års tid fungerede han som kapellan ved Vor Frelsers Kirke på Christianshavn. Det mest bemærkelsesværdige ved dette intermezzo var, at Kierkegaard - med hvem han stod i en perifer personlig kontakt - den 8. september 1850 overværede en af Kofoed-Hansen gudstjenester, hvor han prædikede over Matthæus evangeliet 6.24-34, som starter med formuleringen "Ingen kan tjene to herrer". I valget mellem verden og Gud gælder det da om at vælge det rigtige: "søg først Guds rige og hans retfærdighed, så skal alt det andet gives jer i tilgift". Det er meget sandsynligt, at Kierkegaards fortælling "*Først* Guds Rige" i *Øieblikket Nr. 7* (1855) om den teologiske kandidat Ludvig From, der søger et vellønnet embede snarere end Guds Rige, er direkte inspireret af Kofoed-Hansens gudstjeneste og jobsøgning.

Præst i Haderslev (1850-1864) – I 1850 flyttede Kofoed-Hansen til et bedre aflønnet præsteembede i Haderslev, så han i marts 1851 kunne gifte sig med komtesse Isabella Moltke og forsørge hende og en stadig voksende børneflok, som endte med at omfatte tre sønner og tre døtre. Først blev han præst ved Frue Kirke i 1850 og derefter ved Sanct Severin i 1856. Samme år blev han provst for Haderslev provsti.

Med sit flyveblad *Øieblikket* startede Kierkegaard i 1855 en kirkestorm, som blev en stor anstødssten for Kofoed-Hansen. Kierkegaard krævede først og fremmest *redelighed*: Han ville have, at præsterne indrømmede, at den kristendom, de forkyndte i deres kirker, intet havde med sand kristendom at gøre. De slog af på Guds fordring i deres behagesyge overfor en karaktersvag samtid. Han satte også spørgsmålstegn ved, om det var anstændigt, at Jesu' lidelseshistorie dannede afsæt for fede levebrød til statsaflønnede præster? Der var trods alt forskel på at bære korset på ryggen (som en ekstra ydmygelse måtte Jesus, jødernes konge, selv bære sit kors på lidelsesvejen op til Golgata) og på brystet (fine udmærkelser af forskellig art som f.eks. et Dannebrogskors).

Kofoed-Hansen blev så ramt af Kierkegaards opgør med den danske statskirke, at han forsvarede ham med skrifterne *Dr. Søren Kierkegaard mod Dr. H. Martensen: et Indlæg* (1856) og *Søren Kierkegaard mod det bestaaende* (1857). En kritiker fandt Kofoed-Hansen opførsel hyklerisk og dobbeltmoralsk (J/484): "Hvorledes er det muligt, at en Mand theoretisk og practisk kunde give "Øieblikkene" Medhold og dog sidde i et stort Embede som Præst og Provst i Folkekirken? Denne Conseqvents er et mig umulig at fatte". Kofoed-Hansen kunne godt selv se, at denne kritik var berettiget - han var ovenikøbet i 1854 blevet ridder af Dannebrog og bar således korset på brystet! - og derfor søgte og fik han i 1858 bevilget et halvt års orlov. Han blev dermed en af de få præster, der traditionelt gerne læser og citerer Kierkegaard, som rent faktisk drog en konsekvens af kirkestormen.

Det blev kun til det halve år, så vendte Kofoed-Hansen tilbage til præstegerningen, dels af økonomisk nødvendighed, dels fordi han under sin tænkepause nåede frem til det synspunkt, at det ikke var et isoleret soloprojekt at blive kristen, som Kierkegaard øjensynligt mente. Tværtimod: Ægte Gudstro fordrede en menighed, et levende fællesskab, som præsten med fuld ret præsiderede for. Han var "Det Helliges Bestyrer", som utrætteligt arbejdede for "Tro og Sædelighed" (J/ 542). Således genvandt Kofoed-Hansen tilliden til kirken som "et Evighedens Huus i Timeligheden, Helligdommen, hvor der

„Min Paraplui, mit Venskab", kaldte Kierkegaard en journaloptegnelse, hvori han afslørede, at hans paraply var „saa kjær, at jeg altid gaaer med den enten det er Regnveir eller Solskin; ja for at vise den, at jeg ikke elsker den blot for Nyttens Skyld, gaaer jeg stundom op og ned af Gulvet i min Stue og lader ligesom jeg var ude, støtter mig paa den, slaaer den op, understøtter min Hage med Haandgrebet, bringer den nær til mine Læber osv" *(Pap. III A221).*

Den paraplyelskende filosof var den forfatter, der kom til at betyde allermest for Kofoed-Hansen. Kierkegaard havde, mente han, opbygget "det meest storartede Forfatterskab, vor Litteratur har seet" (J/ 551). Beskedent afstod han fra at blive kaldt hans „Efterfølger" eller „Discipel". Han var i stedet Kierkegaards „Lærling" (J/493).

Søren Kierkegaard
(tegning af Wilhelm Marstrand)

arbeides for Alskabningens Gjenopreisning og Forklaring, Forhallen til de mange Boliger, hvor Jesus Christus [..] er gaaet hen for at berede Sted for Sine" (J/539).

Den inkarnerede pebersvend Kierkegaard var det unikke geni, der søgte ensomheden både som kristen og som samfundsborger, mens ægtemanden Kofoed-Hansen var et socialt anlagt væsen, der fandt sin tro i menighedsfællesskabet og sin lykke i et harmonisk familieliv. Jørgensen kalder disse to modsatrettede tilgange til livet for hhv. et singularitets- og socialitetsprincip, og efter hans mening bundede den Trang til Socialitet, som i Halvtredserne sidste Halvdel [..] overvandt de fra Kierkegaards Forfatterskab udgaaende Dragelser mod Singularitetens samfundsfjerne Tinder [..] dybt i hans [Kofoed-Hansens] hele Væsen; idet han fulgte den, handlede han i Medfør af Personlig Sandhed (J/623).

Hans hovedindsats som filosof, hvis man kan bruge denne betegnelse om ham, bestod i, at han formåede "at frugtbargøre de Kierkegaardske Skrifters Idéindhold under Udformningen af en socialitetspræget Livs- og Verdensanskuelse" (J/ 624).

Christendommen som Bærer og Bringer af det evige Liv og den absolute Sandhed indeholder de Bestemmelser, der skulle afgive Grundreglerne ogsaa for Deeltagelsen i det timelige Liv i Statens Tjeneste og til Folkesamfundets Tarv, ikke mindre end i de private Forhold og til den Enkeltes Tarv, en Anerkjendelse, der saa ogsaa følgerigtigt maa indeholde en Indrømmelse af, at det kirkelige Samfund som den evige Sandheds Indehaver og Husholder i Folkelivet har i sine Præster de Organer, gjennem hvilke det udtaler den.
- Med disse ord sammenfattede Kofoed-Hansen i 1876 sit syn på kristendommen og præsternes rolle i samfundslivet (J/620).

Kofoed-Handens gæstespil i Haderslev fik en brat ende i 1864, da Danmark tabte krigen mod Tyskland, og Sønderjylland blev indlemmet i det tyske rige. De nye krav, han i den forbindelse blev stillet over for, stred så meget imod hans samvittighed, at han valgte at søge sin afsked.

Præst på Lolland (1867-1883) – I et par år ernærede Kofoed-Hansen sig som lærer i hovedstadsområdet, inden han slog sig ned på Lolland: Fra 1867 til 1879 som sognepræst i Thoreby, og fra 1879 til 1883 som provst for Lolland-Falsters Stift.

Uanset hvor i landet han forkyndte Guds ord, udgjorde studereværelset altid centret i præstegården. Her sad han omgivet af sine 4-5.000 bøger, der omfattede teologiske, filosofiske og skønlitterære værker, og udarbejdede sine prædikener og forskellige publikationer. Og når han var færdig med dagens dont, slappede han af i familiens skød. Et af hans børn fortæller (J/561):

Der var saaden dejlig Fred i mit Barndomshjem – jeg mindes ikke een heftig, bitter Scene mellem mine Forældre. Min Moders blide Kvindelighed havde, som min Far selv sagde, været Stjernen i hans Liv. Sladder taaltes ikke. Mennesker blev aldrig smaalig trevlet op.

Han holdt ikke af overfladisk selskabelighed men befandt sig bedst sammen med nogle få gode venner, som satte stor pris på "hans tillidsvækkende Værdighed. [..] Der var noget saa vederhæftigt ved ham, at man følte, at Alt hvad den Mand sagde, var ærligt ment og personligt sandt" (en ven fra Haderslev-årene, J/451). Han var med filologen og politikeren J.N. Madvigs ord "en noget eiendommelig men ret tiltalende Personlighed" (J/450), som man gerne konverserede med (Johannes Fibiger, J/452):

Hans Ord havde den Egenhed, at de lød som kom de fra en anden Verden, og det gjorde de virkelig. Han var en Mystiker og tænkte dybt og originalt over enhver Sag, men bragte det ikke til, at man fik en klar Forstaaelse af hans Syn paa den, hvilket netop bidrog til at give hans Ytringer præget af uudgrundelig Dybde.

Mens han boede på Lolland, tog han efter 30 års fiktionspause på ny sin digterhat på og skrev sin fjerde Jean Pierre-roman *Livslænker* (1875). De tre første tilhørte guldalderen. Ja, de udkom ligefrem i det gyldne årti – 1840'erne – hvor den danske litteratur blomstrede som aldrig før eller siden med giganter som H.C. Andersen, N.F.S. Grundtvig og Søren Kierkegaard i storform. Nu var tiden en anden: Nietzsche havde erklæret, at Gud var død, og Georg Brandes havde krævet, at litteraturen skulle sætte problemer under debat. Det litterære klima var med andre ord totalt forandret siden Kofoed-Hansens Odense-dage. Og han selv var ikke længere den unge, frembrusende digter men en ældre herre på vej mod støvets år. Karakteristisk for hans trofaste sindelag holdt han imidlertid stædigt fast ved sit pseudonym og sit gamle livssyn.

Alderdom (1883-1893) – Efter ansøgning blev Kofoed-Hansen i 1883 bevilget pension under hensyntagen til "Trykket af den fremrykkede Alders Besværligheder" (J/546). I sommeren 1884 flyttede han fra Thoreby til København, hvor han fortsatte med at deltage i den offentlige debat. En sidste Jean Pierre-bog *Død i Liv* (1887) blev det også til.

Allerede i *Kjød og Aand* (1845) havde han givet udtryk for sin sympati for katolicismen, og den blev med årene så stærk, at han i 1887 konverterede (J/541): "Jeg har savnet Skriftemaalet baade for Menigheden og for mig selv. For at sige det korteligt, jeg har savnet *Fasthed og Sammenhold i den hele Samfundsorden.* Alt dette har jeg fundet i den catholske Kirke". Mens protestanten er pinefuldt "overladt til sig selv", bliver katolikken med skriftestolen og den dertil hørende absolution en del af et større fællesskab. Han opnår den "Fasthed" i sit liv,

der netop vindes ved at lægge sit indre Livs Rørelser under en andens, dertil Beskikkets Dom, den uendelige Betryggelse, der ligger i at gjøre en anden til Medvider med Hensyn til sit Mellemværende med Gud og ligesom tage ham til Vidne om Alvoren og Oprigtigheden af sin Bekjendelse og sit Fortsæt (J/541).

I sine sidste år følte Kofoed-Hansen i allerhøjeste grad, at tiden var ham imod. Når han mødte op på diverse avisredaktioner med endnu et indlæg, måtte han således tålmodigt høre på redaktørernes snak om manglende spalteplads.

Da han kom op i slutningen af 70-års alderen skrantede hans helbred for alvor. I et brev fra februar 1893 til en af sine brødre gav han med en vaklende, næsten ulæselig gammelmandsskrift denne beskrivelse af sine ensformige hverdage (J/622):

Jeg har nu i 4 Maaneder holdt Stuearrest, thi gaae kan jeg saalidt som staae. Jeg ligger 12 Timer i Sengen. Omtrent Klokken 10 a 11 staaer jeg op og bliver klædt paa af min Kone og en Pige, hvorefter jeg sidder i en Lænestol bedækket med uldne Tæpper .. en 3 a 4 Timer. Derpaa spiser jeg til Middag, tilbringer et Par Timer i min Lænestol og søger derpaa Sengen igjen.

Johannes Fibiger besøgte ham tre måneder senere på hans 80-års fødselsdag og fandt han ham til sin fortvivlelse "apoplektisk siddende i sin Stol" (J/622). Den tidligere så dynamiske og engagerede Kofoed-Hansen var tydeligvis nået til vejs ende. Den 4. december udåndede han, og den 9. december 1893 blev han begravet på Frederiksberg Kirkegaard.

2. DIALOGER OG SKIZZER (1840)

Den fulde titel på Kofoed-Hansens debut, *Dialoger og Skizzer - Af en Psychiognoms efterladte Papirer,* var meget velvalgt. Hovedtitlen angav de to teksttyper, bogen bestod af, undertitlen afslørede, at de stammede fra en fysiognoms efterladte papirer. Ordet fysiognom er ikke meget brugt i dag, men det dækker over en person, som er overbevist om, at et menneskes sande væsen afspejler sig i dets ansigtstræk. At der var tale om efterladte papirer var et tidstypisk kunstgreb

Så smukt udsmykket, så flot ciseleret var titelbladet til Dialoger og Skizzer *(1840), hvormed Kofoed-Hansen gjorde sin entre på den litterære arena.*

Bogens motto var hentet fra Friedrich Schillers skuespil Wallenstein *(1800): "Es ist der Geist, der sich den Körper baut" (i Herluf Møllers oversættelse: "det ånden er, som skaber legemet"). Det er det indre i os - vores "Aand", vores "Sindsbeskaffenhed" - der er det egentlige og definerer os som mennesker. Og ifølge fysiognomerne lod det sig for den trænede observator aflæse i vores ansigtstræk.*

der både gav en illusion om autencitet og knæsatte fragmentaritet som et livs- og kunstprincip.

Bogen rummede seks afsnit, hvoraf det første, andet og fjerde bestod af dialoger mellem Frants og hans ven Alfred Falkenhjelm, mens de resterende var skitser udført af en alvidende fortæller.

Fra det ydre til det indre – Frants er portrætmaler, fordi han finder, "at ingen Beskjæftigelse kan være mere adelig, end den, der søger at dechiffrere det menneskelige Ansigt, hiin Aandens Speil, hvor dens evige, forskjellige Bevægelser afpræge sig" (1). Han ønsker ikke at portrættere sine modeller, sådan som de ser ud, eller sådan som de ser sig selv, men sådan som de i virkeligheden er. Og det er kun muligt, hvis der er et sammenfald mellem det ydre og det indre. Ellers "maatte Maler- og Billedkunst være intet Andet end Usandhed" (50), fordi disse kunstarter i så fald blot formåede at afbilde en ydre facade, som intet har med et menneskes indre og egentlige væsen at gøre. Kort og godt: Frants arbejder ud fra mantraet "det menneskelige Ansigt lyver ikke" (82). Tværtimod: For den indsigtsfulde siger det alt. Et dygtigt udført portræt malet af en stor kunstner og menneskekender indfanger et menneskes "Aand" (5):

Under dets [ansigtets] mangfoldige af de indre Bevægelser bevirkede Afvexlinger fremtræder det Blivende, det der enten ikke, eller kun i Længden, kan forandres, og af dette er hine betingede. Af dette slutter man til det Blivende i Characteren, af hine til de mere flygtige Sindsbevægelser.

Det er meget vigtigt for Frants at understrege, at fysiognomien er "en empirisk Videnskab" (35) og ikke blot et sammensurium af subjektive fornemmelser. Den hviler på den grundantagelse, "at man fra Ansigtets Former [..] kan slutte sig til Menneskets indvortes Værdie" (49), og at det for den trænede, videnskabeligt skolede iagttager er muligt i et menneskes ansigt at opdage "et vist prægnant Træk, et Lineamant, der synes at forraade et Anlæg, en Disposition til Dette eller Hiint, eller en vis Sindsbeskaffenhed" (32).

Alfred er meget skeptisk overfor Frants' "Anatomeermaskine" (6). Det forhold, at "Aanden" konstant forandrer sig, gør det jo umuligt at fastholde den i ét bestemt ansigtsudtryk (2): "Aanden er saa bevægelig, at dens Vei aldrig kan udtrykkes i det Materielle". Ja, hvilken kunstart eller videnskab, om overhovedet nogen, kan overhovedet indfange et menneskes "Characteer", dets "Aands indvortes Kjærne" (3)?

Frøkenen med det ironiske smil - For at overbevise sin ven om, at psysiognomien er en seriøs videnskab, der gør krav på at blive taget alvorlig som sådan, inddrager Frants til "Documentation" (11) den yndige frøken Ida Løvenfeld, som de begge har mødt tre uger tidligere. Alfred var ved den lejlighed fascineret af "et ironisk Smiil, der bestandig spillede om denne Dames Læber", ja, det forekom ham "saa uimodstaaeligt tiltrækkende", at han "i et flammende Kys havde ønsket at sluge det" (8)! Ikke så sært at Frants beskriver sin vens pludseligt opståede besættelse af en vildtfremmed kvinde som "en dæmonisk Lidenskab" (10).

Også Frants fandt damens ansigt "pikant" (8) og for at efterprøve sit førstehåndsindtryk tog han på "en psychiognomisk Expedition" (13) i Det kongelige Teater, hvor der blev spillet en komedie, som han formodede, hun ville overvære. Og ganske rigtigt: Hun var tilstede og sad oven i købet i en loge lige over for ham. Så tæt på kunne han ikke undgå at beundre hendes kækt formede, høje pande, hvorfra "Lunets og Viddets Straaler maatte udstrømme [..] i ubrudte Radier" (10). Uden denne pande intet ironisk smil (11):

Du kan holde Dig [Alfred] overbeviist om, at det af dig saa beundrede ironiske Smiil om Frøken Løvenfelds Læber aldrig vilde være til, hvis hun ikke havde været i Besiddelse af denne Pande, under hvis Hvælving det Skalkagtige og vittige i riig Fylde har Bolig, og forraader sig ved den pikante Stilling af Muskler omkring Munden.

Og hermed mener Frants at have demonstreret, hvordan fysiognomi-en formår at aflæse "den evige Aands umiskjendelige Spor" (12) i et menneskes ansigt.

Efter Frants' udredning bryder Alfred op og iler forelsket afsted til Det kongelige Teater, hvor han håber, at den højpandede skønhed har indfundet sig for at se *Zampa*. Han tager sig derfor slet ikke tid til at problematisere Frants' bevisførelse. I virkeligheden er der vel ikke en kausal sammenhæng mellem frøkenens høje, kække pande og hendes ironiske smil? Kunne hun ikke have smilt ironisk - med alt hvad det siger om hendes væsen - med en lav, neandertallignende pande?

Alfred når frem til teatret i tide og overværer opførelsen af Ferdi-nand Hérolds opera fra 1831 om den troløse pirat Zampa, der lige-som Don Juan opsluges af Helvedes flammer som straf for sit ryg-gesløse liv. Dagen efter opsøger Alfred Frants og fortæller om, hvor-dan han mødte den skønne i teatret og nød "at forfølge Aandens Vei i hendes Ansigt" (16). Da han opsøgte hende i hendes loge, optrådte hun imidlertid sarkastisk og nærmest "uartig" (25) overfor ham og det i en sådan grad, at han i ren og skær beflippelse tabte sin hat, som landede på en matros i salen under ham! Illusions- og hatteløs luskede han herefter hjem. Men fortvivl ikke.

Beredvilligt påtager Frants sig at optræne sin uheldige novice i menneskekundskab gennem fysiognomiske studier (20): "Alt som Du studerer de menneskelige Ansigtslineamenter, vil Du lære Aan-den at kjende. Naar man ei kan gaae fra det Indre til det Ydre, maa man gaae fra det Ydre til det Indre".

Ligesom Alfred sætter Frants kærligheden højt - "den er det eneste Jordiske, hvori den Dødelige faaer Glimt og hører Toner fra Salighe-dens hisset" - men i modsætning til sin ven, vil han nok elske men ikke

tilbede nogen Qvinde, langt mindre klynke for hende. [..] Jeg kan ikke nægte, at jeg holder denne forsagte Klynken for en Pige en Mand uværdig;

der er Intet, der mere kan prostituere ham og stille ham blot, end den. [..] Livet fordrer Andet, og kan give Andet, der har Værd, end en lidenskabelig Kærlighed" (27-28).

Det former sig nemlig for os alle som én lang, ubønhørlig strid (29): "Ja der skal mange Storme bruse gjennem Hovedet, før man har udtjent som Led i Verdensbygningens Kjede, og i dem alle bliver Aanden enten luttret eller bukker under". Og alle disse kampe med deres sejre og nederlag sætter sig dybe spor i ansigtets efterhånden mange og dybe furer, hvor de er læsbare for den opmærksomme iagttager (36): "Aasynet lyver ikke [..]. Ansigtet er overhovedet ikke nogen død Masse, det er noget Talende, der vækker Forestilling om en aandig Væren".

Den sublime portrætmaler slår to fluer med ét smæk: Med sine penselsstrøg formår han både at indfange den afbildedes ansigtstræk og hans/hendes indre væsen, mens fuskeren afmægtigt bliver stående ved det ydre. Pudsigt nok lægger Frants stor vægt på evnen til at ramme den portrætteredes næse, som angiveligt er "Viseren for Aandens Gratie og moralske Værd". Frøken Løvenfeld har således en "ædel" næse, dens linjer er aldeles lige og er således "skikkede til Ledere for de fra Aandens Fylde udstrømmede Tanker" (36).

Den selvsamme frøken viser sig i øvrigt i en samtale med Frants at være en skarp kritiker af fysiognomien, som hun opfatter som "et Foster af en forskruet Forstand, en sygelig Indbildningskraft" (168). Hun mener, at han misbruger den som "et Telescop til at skue ind i Menneskets Hjerte og stjæle hans Følelser og Tanker" (167). Dybest set vil han jo udfinde sandheden om andre mennesker, og Løvenfeld giver ikke "en øieløs Synaal for hele Deres Bersærkergang efter Sandheden" (160). Sindigt svarer Frants (160): "Jeg finder det skjønt og overensstemmende med den evige Visdom, at det Ydre maa svare til det Indre, at dette afpræger sig uforfalsket i hiint, og at Legemet ei er en Maske, eller et Futteral, hvori Aanden vilkaarligt er stukket ind". Meget kønspolitisk ukorrekt antager han, at fysiognomiske

færdigheder er mere nødvendige for mænd end for kvinder, fordi de
første i modsætning til de sidste bestrider betydningsfulde stillinger
som f.eks. dommere, præster og læger, hvor de hurtigt skal taksere
andre mennesker.

Har mennesket en fri vilje? - Dette kardinalspørgsmål bliver rejst
af ritmester Zillich under et aftenselskab hos frøken Løvenfeld, hvor
både Alfred og Frants er til stede.

Ritmesteren er en praktisk, moderne mand, der anlægger et natur-
videnskabeligt syn på homo sapiens. Vi er godt nok "det fuldkom-
neste Dyr" (42), men dog immervæk "kun" en dyreart som alle an-
dre levende væsener. I modsætning hertil hævder Alfred, at der "i
det menneskelige Ansigt ligger et Udtryk, der umiddelbart tilsiger, at
han hører til en ganske anden Sphære, end den, hvori Dyrene bevæ-
ger sig" (43). Zillich affærdiger hånligt fysiognomien som "et intet-
sigende Phantasiespil", da det er "meget urimeligt at ville troe, af
Ansigtstrækkene at kunne slutte sig til Menneskets Tanker og Væ-
remaade, da Enhver jo har sit Ansigt i sin Magt, og saaledes kan vise
en ganske anden Overflade, end den Grund er, der dækkes af den"
(44-45). Efter hans mening er det menneskelige ansigt som "et Styk-
ke reent Papiir, paa hvilket der kan skrives allehaande Ting? - men
det at skrive derpaa, staaer dog i dens Magt, der eier det" (45).

Men Zillichs kritik af fysiognomerne har et langt videre perspek-
tiv. Når de sætter lighedstegn mellem "Ansigtet overhovedet" på den
ene side og

Aanden og Gemyttet paa den anden, saa følger ganske naturligt, at Enhver
maa være som hans Ansigt er, og al Tilregnelighed ophører. Den, paa hvis
Physiognomi det staar skrevet, at han er en Dosmer, har maattet blive en
Dosmer; den der er tegnet til en Skurk, har kunnet arbeide saa meget der-
imod, han vilde, saa har han dog maattet blive det, og saa fremdeles (60).

Zillichs argumentation forekommer sønderknusende: Har fysiogno-
merne ret i, at vi kun kan blive dét, som står skrevet i vores ansigter,
ophæves vores frie vilje, hvorved al moral og etik går fløjten. Det vil

således være absurd at straffe en forbryder, fordi han handlede, som hans ansigtstræk, hans konstitution, påbød. En sådan radikal determinisme, hvorved mennesket bliver "smeddet i Fatalismens Jernaag" (Frants, 127), er selvfølgelig uantagelig ikke alene for ritmesteren men for velsagtens ethvert anstændigt menneske. Derfor *må* fysiognomien være usand.

Dagen efter aftenselskabet leverer Frants i en samtale med Alfred et vægtigt indlæg imod Zillich. Ingen, understreger Frants, er

født med Cainsmærket; det skriver Mennesket sig selv paa sit Aasyn. Der ere de, som er tegnede med Hang til Sandselighed, med simple Anlæg, og der ere de, der er fødte med Svaghed; thi Fædrenes Synd nedarves paa Børnene i tredie og fjerde Led. Men alt Dette udelukker ikke Tilregnelighed (77).

Helt dagsaktuelt bruger Frants forbryderen *Ole Pedersen Kollerød* (1802-1840) som et eksempel på et menneske, der valgte at give efter for sine primitive tilbøjeligheder. Under et indbrud dræbte han i juni 1837 en kusk, der havde nogle penge liggende, som han havde samlet sammen til sit forestående bryllup. Kollerød har selv beskrevet drabet: "da bruger ieg den forbandet høire haand med kniven og sgær ham tværs over struben, saa at blodet fløie ud paa gulvet og i sængen. See, da saa ieg først vad ieg nu havde gjort, og vilken grov synder ieg var blevet saavel for Gud i Himlen som for menske". I bogen *Morderne Ole P. Kollerøds, Peter Hansens, Peter Chr. Knudsens og flere andre Forbryderes Criminalsag, historisk-psykologisk bearbejdet* (1838) tegnede J.V. Neergaard da også dette lidet flatterende portræt af Kollerød:

Dette Umenneske [..] har mørkebrune Haar, blaae Øine, et svagt Skæg, en lav Pande og en fremstaaende Underpart af Ansigtet fra Øinene af, hvorved han faaer noget dyrisk i sin Physignomi. [..] Forskellen mellem Ole Kollerød og Mordere i Almindelighed er, at disse myrde for at leve, men Ole Kollerød lever for at myrde.

Ole Pedersen Kollerød (tegning af Peter H. Gemsøe).

Til generalkrigskommissær J. V. Neergaards bog om Kollerød tegnede Peter H. Gemsøe et portræt af umennesket, der efter Neergaards mening levede for at myrde. Tegningen blev flittigt brugt i de blodige skillingsviser om Kollerøds ugerninger, som markedet flød over med.

Det er Gemsøes portræt, Frants anvender til sin fysiognomiske analyse af Kollerød.

Blandt andet for at imødegå Neergaard skrev Kollerød sin erindringer, mens han sad fængslet og afventede sin dom. De bar titlen *Min Historie om den ulykkelige Skæbne som har forfulgt mig siden mit 6. Aar og entel mit 38. Aar som ieg nu er i mens jeg skriver dette* og blev først udgivet i 1978.

Frants vedgår, at såvel Kollerøds næse som hans pande indikerer, at han besidder "en skarp gjennemtrængede Forstand", men hans øjne afslører ham: "betragt hans Øine, gjennem hvilke unaturlig, dyrisk Vildhed udtaler sig. See den fatale Afstand mellem Øiebryn og Øielaag, der vidner om Haardhed i Gemyttet". Disse øjne har aldrig "dvælet ved det Hellige, det Ædle, men er sløvede ved at stirre paa Næstens Penge, ved natlig Sviir og Speiden efter Rov" (79). Hans smil er ikke "det Smiil, som fører Bønnen om Forsoning paa Læben; det er Forfængeligheden over, selv i sin Usselhed at have bragt Verden i Bevægelse, og nu at kunne narre den ved Skinnet af en bodfærdig Synder" (76).

Frants' pointe er, at selv om Kollerøds ansigtstræk indikerer, at han er et menneske, "der vælter sig i Livets Skarn" (77), *kunne* han alligevel med udvist karakterstyrke have undertrykt de lave drifter, der lå i hans natur. Havde han gjort det, var han ikke blevet halshugget på Amager Fælled den 17. november 1840 (efter at Kofoed-Hansens bog var udkommet). Fysiognomien blotlægger et menneskes dispositioner, den forudser ikke dets handlinger med deterministisk uafvendelighed. Mennesket er skabt i Guds billede og har derfor i modsætning til de instinktdrevne dyr en fri vilje. Det er ansvarlig for dets handlinger, og dermed er moralen genoprettet.

Som eksempler på gode mennesker viser Frants sin ven portrætter af digteren *Jean Paul* (1763-1825) og teologen *Friedrich Schleiermacher* (1768-1834). De har begge høje pander og er da også begge ædle sjæle.

Når man vurderer Frants' fysiognomiske analyser af portrætter af kendte personer, må man holde in mente, at Kofoed-Hansen skrev sin roman på et tidspunkt, hvor fotografiapparatet knap nok var opfundet. Frants forholder sig til malerier og tegninger af personer, som var blevet udført af kunstnere, der vidste, hvem de afbildede! Det er således meget tænkeligt, at deres viden om modellernes menneskelige habitus, har påvirket den måde, de afbildede dem på. En skurk har de instinktivt givet et skummelt og fordækt udseende med grove ansigtstræk, mens en ædel person er blevet tildelt en høj pande, intelligente og milde øjne, forfinede ansigtstræk osv. Frants' bevisførelse bliver dermed en form for cirkelslutning.

Greven med den krogede næse - Som afslutning på sin oplæring af Alfred i fysiognomiens grundregler giver Frants ham en arbejdsopgave. Greven Alexander Hjelmpalme er netop ankommet til byen, ingen ved noget om ham, og således uforstyrret af distraherende for-håndsviden består Alfreds svendeprøve i at kortlægge grevens per-sonlighed alene ud fra hans udseende og fremtoning.

Selvom Alfred opfatter greven som en farlig konkurrent i forhold til den skønne frøken Løvenfeld, har han kun godt at sige om ham. I en samtale med Frants konstaterer han med beklagelse, at grevens ansigtform har alle de karakteristika, der kendetegner en ædel ånd - herunder en "fortrinlig" pande, som "maa gjemme en rig Fylde af Aand" - og at han i sin konversation er "en aandrig og klog Mand. Han er forekommende, behagelig, velvillig, interessant, dannet; der-til riig, bereist, underholdende. Hu! Det er jo en Mand med alle mu-lige Fortrin" (96).

Frants underkender fuldstændig Alfreds dom. Den er "grundfalsk": "Den Venlighed og Velvillie, Du læser paa hans Mund og Læber, er det tynde Lag af Guld, hvormed man skjuler det uægte Metal". Grevens ansigtslinjer røber "en udtænkt Forførers Ansigt". Tilsyne-ladende fremstår han som et fint menneske, men hans krumme og slappe mundlinje afslører hans "lave Lidenskaber", hans øjenbryn hans "Trædskhed forbundet med en Satyrsjæl", og hans magre, kro-gede næse hans topmålte egoisme (96-98). Frants fælder sin dom ud fra en velprøvet arbejdsmetode, som gør det muligt for ham at aflæ-se "Sjælsadelens og Lastens Skrift i Psychiognomiet" (107):

Jeg vil læse paa et Ansigt, eller mener, at der kan læses derpaa, de Anlæg og Dispositioner i forskjellige Retninger, som Aanden deels oprindelig har havt, deels har udviklet under Tidens Gang, saavelsom Temperamentet. Alt dette vil jeg fornemmelig udfinde af de faste og blivende Dele. Der-næst vil jeg i de ustadige Lineamenter læse de øieblikkelige Sindsbevægel-ser, Følelser, Yttringer, Affekterne.

Et spædbarn fødes med visse genetisk betingede ansigtstræk, men efterhånden som det vokser op, kan barnet - alt efter hvilken opdra-gelse det får - udvikle sig i meget forskellige retninger (128):

Hengiver han sig til Lasterne, bliver Formerne uædle, følger han det Gode og Skjønne, blive de ædle. [..] Ja, naar et Barn træder fra Hjemmet ud i Verden, skal det vel kunne læses paa dets Ansigt, hvilke Genier der have omsværmet dets Vugge, hvilke Forestillinger, der ere indvævede i dets Barndom.

Fysiognomen aflæser i det voksne menneskes ansigtstræk hele dets forudgående liv.

Intet i universet er tilfældigt. De giftige blomster er grimme og ser helt anderledes ud end de nyttige og smukke, slanger virker og er lumske, afskyvækkende og dødbringende, bjørne fremstår brølstærke osv. Der er en umiddelbar identitet mellem planter og dyrs fremtoning og deres "væsen", og skulle denne samklang da suspenderes hos mennesket, som er Guds ypperste skabning og altings mål (122):

Alt i Verden har Hensyn til Mennesket og ei til Andet. Mennesket er Skabningens Herre i egentlig Forstand; thi han er det eneste i Skabningen, der gjemmer Guddommens høieste Idee, og Alt sigter hen til ham. Selv Tingenes uendelige Række i Mangfoldigheden tjene kun til at bearbeide Elementerne til hans Afbenyttelse, i ham have de deres Maal, fordi Aanden kun i ham kommer til Bevidsthed. Hvad Rang han giver dem i Naturen, den have de og ingen anden.

Hidtil har Alfred har antaget "den almindelige Mening, at Legemet var en yderst kunstig Been- og Kjød-Maskine, som Aanden blev sat ind i, for at benytte den under sin Tilværelse her, og afkaste den, naar den ei længere skulde være her" (114). Frants' argumenter overbeviser ham om, at den krop, mennesket er indkapslet i under dets ophold på jorden, ikke blot er en ydre skal, hvis beskaffenhed for så vidt kan være ligegyldig. Kroppen og herunder især ansigtet afslører for den trænede iagttager et menneskes sande habitus, dets evige "Aand". Hårdnakkede modstandere af fysiognomien er med Frants' ord kyniske materialister, som degraderer mennesket til "en belivet, mekanisk Kjødmasse, istedetfor et aandeligt Væsen" (109).

At Frants har ret i sin karakteristik af grev Hjelmpalmes personlighed demonstreres i den sidste halvdel af det sjette afsnit.

En splint fra Jesu kors og en satanisk hest – Handlingen i bogens sidste to afsnit foregår et halvt års tid efter de fem foregående. Alfred har i den mellemliggende tid foretaget en længerevarende rejse til Dresden for at udrede alle omstændighederne omkring en større arv. Og det forunderlige sker: Han møder en mand, friherre von Ziska, der hader Hjelmpalme af et godt hjerte. Ved at indynde sig hos friherrens yndige datter Thekla, lykkedes det Hjelmpalme at stjæle en værdifuld relikvie, som havde været i families eje i generationer. Den bestod af "en Splint af Frelserens Kors, der laa i et Kors af Guld, [..] og den Forjættelse var bunden til den, at hvo som bar den til sin Død, skulde blive salig" (149). Tyveriet gjorde Thekla vanvittig, hvad Alfred erfarer ved selvsyn. Han lover hendes fortvivlede far, at han vil gøre alt for at skaffe hende relikvien tilbage. Denne modbydelige historie berigtiger til fulde Frants' dom over Hjelmpalme: At franarre en ung pige hendes evige salighed – nogen større skændselsdåd lader sig næppe tænke.

Og da Alfred returnerer til Danmark bliver han et førstehåndsvidne til endnu en svinestreg fra den depraverede greves side. Han har friet til frøken Løvenfeld, men da hun gav ham en kurv, forvandledes hans kærlighed, som nok i virkeligheden ikke stak så dybt, til et brændende ønske om at få hævn for sin forsmædelse. Det sker under et fyrværkeri og et vildt hesteridt, som udgør bogens klimaks.

Zillich, frøken Løvenfeld, Alfred, Frants, Hjelmpalme og flere andre har besluttet sig for at overvære et flot fyrværkeri, der skal løbe af stablen i nærheden. De foretager udflugten dertil ridende, og da Løvenfelds hest er skadet, tilbyder greven hende galant en af sine. Ibrahim, som den hedder, er nærmest den diametrale modsætning til den veldresserede vinderhest af samme navn i Morten Korch-filmen *De røde heste* (1950). Hjelmpalmes Ibrahim er således en balstyrisk Djævel, "et vildt, uregjerligt Dyr" (181), som er nærmest umulig at tøjle. Afsted farer den over stok og sten med den unge frøken, som falder af hesten og kommer meget alvorligt til skade. Er det et muligt drabsforsøg fra Hjelmpalmes side? Hvad han ikke kan få, skal ingen andre have? Bogen slutter med, at greven flygter fra "gerningsstedet". Om Alfred kommer i besiddelse af den værdifulde relikvie står hen i det uvisse.

Hvordan det videre går bogens hovedpersoner, ved vi faktisk, fordi de rent en passant optræder i *Kjød og Aand* (1.294-295 og 1.355). Under en rejse møder junkeren Weinlich i Leipzig Alfred von Falkenhjelm, hans kone Løvenfeld og "et sælsomt Menneske" (Frants), der "udbredte sig med en vidunderlig Svada om Physiognomiens Ufeilbarlighed, som han paastod af have de gyldigste Beviser for. Han var gal!" Han mente også, at han selv og hans to rejsefæller "egentlig slet ikke [var] til, de vare kun fingerede Personer. [..] Thi Virkeligheden [..] er, og Virkeligheden er ikke; bringer jeg disse to mod hinanden, bliver Summen Nul". Forvrøvlet snak af en person der har forlæst sig på Hegel. Bemærkelsesværdig er det, at romanens hovedperson Alex er en hårdnakket fortaler for fysiognomien, i hvert fald inden sin religiøse omvendelse (1.294):

Jeg vil paatage mig [..] at see af et Menneskes Ydre, hvad Characteer, hvilke Anlæg han har [..] Har ikke Aanden, overalt hvor den fremtræder kraftigt, en afgjort Overvægt over det Materielle, og hvor meget mere da ikke over det Materielle, hvori den skal udpræge sig selv til en synlig Skikkelse? Hvad er da endelig Legemet Andet end carnificeret [kødeliggjort] Aand?

Johann Casper Lavater – Navnet, der tilhører en virkelig og ikke en fiktiv person, går igen talløse gange i Kofoed-Hansens debutbog. Ikke uden grund. I sidste fjerdedel af 1700-tallet havde Lavater vakt furore overalt i Europa med sine fysiognomiske analyser. Han delte i allerhøjeste grad vandene - var han en videnskabsmand eller en charlatan? - så man enten forgudede eller latterliggjorde ham. Forfatteren Jens Baggesen startede f.eks. med at tilhøre den første gruppe men sluttede sig senere til den anden. Omkring 1840 var Lavaters stjerne forlængst blegnet. Med Alfreds ord (131): "At man i Almindelighed nu Intet vil vide af Physiognomien at sige, undrer mig ei

Johann Casper Lavater (gravering af Christian Jakob Schlotterbech) **Johann Casper Lavater** *(1741-1801) var en schweizisk præst og forfatter, som især blev kendt for firebindsværket* Physiognomische Fragmente *(1775-1778), hvori han med analyser af forskellige personers portrætter forsøgte at bevise, at man kunne aflæse deres sande karakter i deres ansigtstræk. Han grundlagde hermed fysiognomien som "videnskab".*	

saameget; thi der skrives jo Intet til dens Forsvar; men at Lavaters Physiognomi kunde blive saa reent glemt, at man aldrig hører tale om den, undrer mig".

Dialoger og Skizzer var et helhjertet forsøg på at relancere Lavaters lære. Kofoed-Hansen gjorde det ved brug af to genrer, to sideløbende spor: I dialogerne lod han Frants forklare og forsvare fysiognomien overfor skeptiske kritikere samtidig med, at han lod ham lave fysiognomiske analyser af forskellige personer, og i skitserne berigtigede han hans personkarakteristikker - udført udelukkende på baggrund af fysiognomiske observationer. Frants' domme over frøken Løvenfeld og grev Hjelmpalme i dialogerne blev således efterfølgende verificeret i skitserne. Selvom Jean Pierre/Kofoed-Hansen ikke explicit valgte side til fordel for Lavater og fysiognomien, gjorde han det alligevel implicit med den måde, hvorpå han komponerede sin bog.

En nutidig læser køber næppe Frants' grundpræmis om et sammenfald mellem ansigtstræk og sjælstilstand, og hans mange spidsfindige udlægninger af pandens størrelse, næsens tykkelse, mundvigenes hængen osv. virker i dag mere kuriøse og ufrivilligt komiske end overbevisende. Vi skuer ikke hunden på hårene, hvilket enhver, der f.eks. har set fotografier af en smilende Josef Mengele eller en grinende Ted Bundy, kan skrive under på. Begge disse herrer så godt ud og virkede tillidsvækkende og kultiverede, omend den første var en kynisk SS-læge, der foretog nogle djævelske og tit dødelige eksperimenter på tvillingebørn i Auschwitz, mens den anden var en depraveret seriemorder, som dræbte omkring et halvt hundrede unge kvinder i USA. Skinnet bedrog, og selv ikke nok så mange analyser af de to herrers pandehøjde, næseryg mv. ville have kunnet "afsløre" dem.

Det ligger i vores natur, at vi instinktivt danner os et indtryk af personer, vi møder for første gang, men det sker på baggrund af deres sprogbrug, gestikulationer, påklædning, interesser mv. snarere end af formen på eksempelvis deres næser. Kofoed-Hansens projekt - at finde ind til den inderste kærne i et menneske, dets "Aand", dets "Sindsbeskaffenhed" (32) – var absolut prisværdigt, mens hans fysiognomiske metode til at nå dette mål var allerede for hans samtidige læsere forældet. Han forsøgte ellers at vinde dem for sin sag med en medrivende, kontrapunktisk komponeret bog, hvor han lod postulerende dialoger og dokumenterende skitser afløse hinanden i et suggestivt forførende ping-pong spil. Ja, ikke engang det afsluttende romankneb med en religiøs relikvie fra Jesu kors og en dæmonisk hest fra Satans/Hjelmpalmes stald gjorde formodentlig læserne til rettroende fysiognomer.

3. LIV AF DØD (1842)

Liv af Død (1842) starter med, at bogens navnløse jeg-fortæller fra København en halvkold septemberdag i starten af 1800-tallet farer vild på den næsten menasketomme jyske hede. Efter at have overnattet i Horsens påbegynder han en længere vandretur for at besøge en gammel studiekammerat, som har fået et præstekald helt ude ved Vesterhavet. Over stok og sten går det dagen lang, men hen på aftenen, hvor "Tusmørket var afløst af fuldkommen Dunkelhed" (4), indser han, at han har mistet orienteringen. Heldigvis møder han en mand, der viser ham vej til en lokal præst, hvor han muligvis kan overnatte.

"En Engels Afsked fra Jorden" - Fortælleren entrer ubemærket præstegården, hvor husets frue, den gravide Elisabeth, ligger for døden, mens hendes mand, Johannes, hjælpeløs ser til.

Du er Alt, hvad jeg besidder af Glæde og Lyksalighed i denne usle Verden, og Du forlader mig. Mit Liv var Du! [..] Elisabeth, Du er Sjælen i mit Liv. Hvad skal jeg leve for, naar Du forlader mig? Din Kjærlighed er den Luft, der giver mig Aandedræt, den Kraft, der bestemte mit Hjertes Slag; uden Dig kan og vil jeg ikke leve (14-16).

Sådan sukker Johannes i dyb fortvivlelse ved sin elskedes dødsleje. Situationen fylder fortælleren med "smertefuld Vemod" (21), dels fordi han står overfor en ægteskabelig kærlighed af den helt store og nok også sjældne slags, og dels fordi døden altid er så ubetinget højtidelig (38): "Der er noget Sjælsopløftende i en Dødstime; det er ligesom Himlen dukker til Jorden, for at hente sin Eiendom tilbage fra Savn og Smerte". Hellig er den stund, hvor en sjæl forlader sit jordiske hylster for at tage plads i "Aandens Hjem, hvor hver en Taare skal aftørres af Øiet og Sorgen ikke være mere" (22).

Elisabeth havde i nogen tid ligget livløs hen. Men i sin dødstime vågner hun op en sidste gang og fortæller, at hun allerede har været hos Gud, hvor en engel viste hende, at hun var opført i "Livets Bog".

Mindeligt bad hun om, at også hendes mand måtte blive frelst, og hun blev allernådigst bønhørt. Hendes forestående død vil med andre ord ikke blive et endeligt farvel, for de skal jo "see og favne hinanden i de evige Boliger" (19). Hun afslutter sin afskedstale med at takke Johannes, fordi Vorherre

lod mig see en Afglands af sit Væsen igjennem dit Øie. Tak min Elskede, Tak for din uendelige Kjærlighed! Den var mig mere end Alt i Verden; jeg veed, jeg har gjort Ret i at elske Dig mere end mine Forældre og Venner; thi jeg elskede Gud igjennem Dig (20).

Og til lyden af indbildte orgeltoner svæver Elisabeths ånd til Himlen. Med denne højdramatiske åbningscene iscenesætter Kofoed-Hansen effektfuldt romanens tema: *Hvordan overlever man det tilsyneladende fuldstændig meningsløse tab af sit livs store kærlighed?* Den nærliggende fare består i, at Johannes enten gør alvor af sin selvmordstrussel eller lukker sig inde med sin sorg (ligesom en skildpadde der trækker sig tilbage i sit skjold) og affinder sig med en *bagudrettet* nulpunktseksistens illusionsløst fortabt i minder. "Helbredt" kan han kun blive, hvis han på en eller anden måde formår at bruge Elisabeths død til at optimere sit eget liv, så det får mening *fremadrettet.* Med andre ord: Kan han skabe *liv af død?*

Filosoffen Friedrich Hegel skriver et sted, at "Forandringen, som betyder Undergang, tillige betyder Fremgaaen af et nyt Liv, at af Livet fremgaar Død, men af Døden Liv" (cit. efter J/348). Muligvis har disse ord ligget i baghovedet på Kofoed-Hansen, da han navngav sin anden og sin femte Jean Pierre-roman. Den anden refererer til "af Døden Liv", den femte til "af Livet fremgaar Død".

Carl Milton Jensen: Parti fra den jyske hede med lyng (1909).

"Den vidt udstrakte Flade, der ingen afvexlende Gjenstand frembryder Øiet, adspreder derfor heller ikke Tankerne, men giver Sjælen Indtrykket af et ubestemt Stort, noget Grandiøest, Uendeligt" (50). Sådanne højstemte følelser vækker den jyske hede til live hos fortælleren. Johannes, derimod, synes, at livet efter hans kones død ligger foran ham "klamt og koldt som Morgentaagen paa den øde Hede" (40). "Den øde Fortvivlelse i hans Sjæl" (42) korresponderer med de trøsteløst øde hedestrækninger, der omgiver præstegården til alle sider.

"I, for og med hinanden" - Med Elisabeths død forlader livslysten Johannes, fordi "alle de Strænge ere sprungne, der skabte Harmoniens Klang i hans Tilværelse" (46). Forgæves forsøger fortælleren at trøste ham (26): "Lad de Døde begrave deres Døde! Gaae Du hen og forkynd Guds Rige!" Lige meget hjælper det. Præsten er sønderknust: Elisabeth og han "levede i, for og med hinanden", og nu er "Alt forbi! O Skrækkeligt! I Evige Magter! Hvorfor skabe I da, naar I ville tilintetgjøre? Hvorfor knytte I da, naar I saasnart ville sønderrive? O Gud! Ja, var Du Gud! Var Du de Levendes og ikke de Dødes Gud!" (27).

Præsten er så fortvivlet, at han føler "en glubende Begjærlighed efter at aabne den gaadefulde Dør, der fører ind til det Rige, hvorfra Ingen kom tilbage" (74). Når han befinder sig på selvmordets rand, skyldes det ikke "kun" Elisabeths død men også hele hans forhistorie, som han opruller i lange, fortrolige samtaler med fortælleren, der mærker, "at en dyb, sørgelig og dog poetisk Klang trak sig igjennem hans Liv" (24).

En traumatisk opvækst – Johannes er smertefuldt bevidst om barn- og ungdommens altafgørende betydning for et menneskes livsforløb (95-96): "De Former og Omgivelser, hvorunder han [mennesket] træder ind i Verden, paalægger ham en Spændetrøie, hvorfra han aldrig siden gjør sig fri". Derfor må hans bekendelser starte med begyndelsen.

Hans far var en rimeligt velstående og streng købmand, der krævede, at hans søn skulle tage en teologisk embedseksamen, så han kunne få en sikrere levevej, end man har som selvstændig erhvervsdrivende. Dette ultimative krav turde Johannes ikke modsætte sig, omend han ikke var stærk i sin tro.

Mest knyttet var han til sin ejegode og milde mor, og netop derfor kom det som et chok, da hun allerede omkring 60-års alderen begyndte at blive senil. Gradvist sank hun ned i en tilstand af "fuldkommen Barnagtighed" (108), hvor hun ikke længere kunne genkende sin mand men derimod stadig Johannes. Til sidst vandrede hun rundt som "en Automat, hvor Spiralfjederen har tabt sin Kraft" (111). Ved en fejl drak hun et glas vitriololie, faldt om på gulvet og døde skrigende en smertefuld død med fråde om munden. For Johannes blev moderens uværdige og grufulde endeligt et vidnesbyrd om kødets supremati over ånden: Det var jo en fysisk sygdom (forkalkning), som nedbrød hendes sind og gjorde hende fremmed for sig selv.

Efter hendes død henfandt Johannes i apati og gik i stå sine studier, men et besøg hos en gammel ven et halvt års tid senere gav ham fornyet mod på livet. Hen på aftenen var de blevet lidt trætte efter dagens mange samtaler. Matte sad de og kiggede på et lysskær, stuelampen kastede på loftet. Pludselig udbrød vennen (117): "det var dog Værd at vide, om vor Aand gaaer ud som en Lampe, der slukkes, eller om den tændes igjen efter Døden"? Replikken ramte Johannes som et "Knivstik", for det var jo kardinalspørgsmålet i hans liv, vennen henkastet rejste. Svaret måtte sandsynligvis findes i den hellige skrift - hvor ellers? - og derfor kastede Johannes sig påny over sit studium. I to læsetunge år søgte han svaret. Forgæves. Men sin teologiske embedseksamen fik han da.

Ovenpå de vel afsluttede studier brugte han et års tid på at rejse rundt i Europa på en klassisk dannelsesrejse. Et uudsletteligt indtryk gjorde det på ham, da han morgenen efter slaget ved Austerlitz den 2. december 1805, hvor franske tropper under Napoleons suveræne lederskab besejrede en russisk-østrigsk koalitionshær, gik hen over valpladsen og forfærdedes over de "lemlæstede, forvanskede, ukjendelige" dynger af lig (53): "Saa ringe er Menneskelivet for den uendelige Magt, saa betydningsløst Menneskets Suk og Jammer".

Mens han opholdt sig i Italien ramte en dobbelt katastrofe ham: Først gik faderen fallit, og derefter døde han. Fattig "ene og forladt i Verden" (122) var Johannes nu tvunget til at søge embede.

En mesalliance – Gennem en bekendt fik han en stilling som hovmester på en greves herresæde. Og her lærte han for alvor "Smerten og Glæden at kjende i den høieste Potents" (127).

Han blev således dybt betaget af grevens ældste datter, komtesse Elisabeth, allerede ved sin ankomst. Samme dag blev der netop afholdt et bal, og som i et drømmesyn så han hende svinge sig i dansen "med sylpheagtig Lethed og en unævnelig Gratie" (131). I sandhed en henrivende, smuk og blond pige.

Første gang, de talte fortroligt sammen, var, da Johannes i en af herresædets stuer beundrede et ophængt prospekt af en dal ved Arno i Italien (133-137). Her havde han selv haft "et muntert og interessant Eventyr" under sin store udenlandsrejse. Ubemærket trådte Elisabeth ind i stuen og forstod instinktiv nogle af de følelser, der gennemstrømmede ham: "Saaledes [..] at kunne leve i behagelige og interessante Erindringer, og Glæde andre ved Fortællinger hentede derfra, bliver dog altid det herligste Udbytte af en Reise". Han indvendte, at "Erindringen kun er en fattig Erstatning for den henrundne Lykke", hvortil hun svarede, at

Erindringen er en af Menneskets gode Genier, en ædel Trøsterinde, der tilhvisker venlige, opmuntrende Ord. Hvad enten den stiller Lidelse eller Glæde frem for Tanken, ere Haab og Mod i dens Følge. O vistnok! Enhver mere mærkelig Hændelse eller Begivenhed, Mindet gjenbringer os, bærer Vidne om, at det er Godhedens Favn, hvori vi hvile.

Disse visdomsord fra "Erindringens attenaarige Forsvarerinde" forandrede verden for Johannes. Alle hans "mange Minder, bittre og glade, forsvandt som Røg", og al hans fornyede livskraft samlede sig om ét eneste mål. Han ville "synke for hendes Fod og bønfalde om en ny Lærdom for Livet istedetfor denne tunge Følelse, der viste mig Alt i Dødens Skygge".

Endnu havde Johannes mulighed for at flygte, "thi vel havde Lidenskaben alt berørt min Isse med sin Tryllestav; men den havde kun frembragt hiin dunkle Ahnelse, der er den første Straale paa Kjærlighedens Himmel, før dens Sol svinger sig over Horizonten" (138). Men han valgte at blive, og så blev han snart ikke blot "henreven" men direkte forelsket i Elisabeth, og hans kærlighed voksede dag for dag: Hun blev "den Guddom, for hvilken min Sjæl laae i en evig Tilbedelse" (155). Vidunderlig var "disse stormende Følelser, disse usalige Kampe, disse lykkelige Øieblikke, da Sjælen skuer i en

Andens Blik og ahner sin Higens eneste og høieste Maal. Der, just paa dette Sted, laa mit Paradiis" (128).

Og det forunderlige skete: Paradis viste sig at være inden for rækkevidde! Da han en aften læste *Torquato Tasso* (1790) højt for hende, mødtes deres blikke i en fælles forståelse. De skuede så at sige ind i hinandens sjæle, da de spejlede deres forhold i kæresteparret i Goethes skuespil.

Som hhv. teolog og komtesse befandt Johannes og Elisabeth sig i to forskellige ligaer i hver sin ende af det sociale spektrum. Et ægteskab mellem dem ville være en mesalliance af de helt store og eklatante. Det var han sig pinefuldt bevidst og følte da også, at han med et frieri ville trække hende med sig ned i en afgrund, at han "i en egoistisk Attraa vilde neddrage en fredelig Lykkes Barn til min egen mørke, urofulde Sphære" (161). Hvis de blev gift, ville han "bortdrage hende fra Navn, Slægt og Venner og det glimrende Liv, hvortil hun var født" (165). Ædelmodigt besluttede han sig derfor til at flygte fra herresædet, thi

kun den elsker, der kan opgive Alt Haab om Besiddelsen af sin Kjærligheds Gjenstand for hendes Lykke, og, uagtet han omfatter den Elskede med alle sit Væsens Længsler, dog sætter hendes Tilfredshed høiere end sin egen Higen. Enhver anden Kjærlighed er sandselig Begjærlighed, forfængelig Drøm, en dunkel Higen efter Udfyldelsen af Hjerte-Tomhed (161).

Inden sin afrejse gik han tidligt på morgenen en afskedsrunde i haven, hvor han mødte Elisabeth, som kastede sig i hans favn og erklærede, at hun var hans for evig. Han forstod nu, at der ikke var nogen modsætning mellem hans og hendes lykke. De ville begge det samme. Højdramatisk blev opgøret med greven, som var rasende over, at hans datter ville vanære slægtsnavnet. Johannes og Elisabeth flygtede, giftede sig og endte i præstegården på den jyske hede.

På trods af de små og isolerede forhold levede de lykkeligt sammen: "Kjærlighed skaber Paradiis i den nøgne Ørken". De gjorde i sandhed en nabopræsts skepsis til skamme (69): "Hvad nytter det, [..] at føre saa megen Fiinhed over til disse raae Heder, det krymper sammen og visner". Fortælleren foragter slet og ret præstens "Kartoffelphilosophie" (72). Hvis man som Johannes har set en "Himmel i en Comtesses blaa Øine" (71), må man agere derefter. Men ligesom Johannes var lykkelig ud over alle grænser *med* Elisabeth, er han det modsatte *uden* hende (179):

Jeg føler det, min Smerte vil snart beseire mig og overgnave den svage Traad, der holder mit Liv. Hvo kan overleve, at ethvert Baand, der forskjønnede Livet og holdt Blomsterne i ens Tilværelse, brister paa saa grusom en Maade? Hvo kan bære Tabet af Alt, hvad der var ham kjært, og Skylden for at have været selv en medvirkende Aarsag til dette Tab?

Legetøj i skæbnens hånd? - Hvad Johannes ikke kan forlige sig med er det faktum, at skæbnen rammer rettroende, ærlige og selvopofrende mennesker så helt urimeligt hårdt. I Elisabeths person forenede "Godhed, Ømhed, Vid og Aand" sig til "en henrivende Harmonie" (39), og alligevel døde hun helt meningsløst i barselssengen: "naar en stille fordringsløs Lykke tilintetgjøres, naar et Samliv adsplittes, [..] hvad have vi da andet at gjøre, end at føle os som Legetøi i en lunefuld, ubøielig Skjæbnes Haand". Med hendes død forsvinder hans på forhånd vaklende tro på "en evig Retfærdighed" og dermed også "Troen paa en oversandselig Væren" (62-63). Mistrøstigt konkluderer han, at "dette skrøbelige Legeme [er] en Maskine, kunstig nok til at vedligeholde det, indtil en fjendtlig og uafvendelig Haand griber i Hjulet og standser dets Gang. Saaledes var min Tanke, det var min Tro" (40). Hans livs dramatiske oplevelser fra moderens vanskæbne over blodbadet ved Austerlitz til Elisabeths bortgang har grundfæstet hans overbevisning om, at der ingen anden Gud er end "den jernhaarde Lov, der splitter vore Bygninger og haaner vore Forhaabninger" (42).

Fortælleren er rystet over Johannes' degradering af mennesket til en "Maskine" prisgivet naturvidenskabelige love. Som præst forval-

ter han jo den tro på kristendommen, den evige retfærdighed og sjæ-
lens udødelighed, som han så åbenlyst ikke selv deler (46):

At høre et Spørgsmaal, der, naar dets Tomhed blev beviist, ligefrem vilde
styrte Verden tilbage i Chaos, der, liig Sisyphusses Steen, er givet til at
sætte Menneskeslægten i Bevægelse, uden videre forkastet som urimeligt
af en Mand, der ifølge sin Stilling just er forpligtet til at lede sine Med-
mennesker netop i denne Henseende paa rette Spor og føre dem til en klar
Overbeviisning om dets uomstødelig Gyldighed, [..] kan ikke andet end
forfærde og vende Blikket dybere mod den menneskelige Elendigheds Af-
grund.

Johannes' og fortællerens diskussioner om udødelighedsspørgsmålet
afslører, at de vægtlægger hhv. forstanden og følelsen vidt forskel-
lig. Ifølge fortælleren taler følelsen

med os om en evig Tilværelse, og det gjør den ubestrideligt; thi hvorledes
skulde vi ellers være komne til dette uhyre Begreb, som den kolde, isole-
rede Forstand ikke fatter? Og denne Ahnelse om en Opvaagnen fra Dødens
Slummer taler aldrig stærkere end naar den træffer sammen med Venskab
og Kjærlighed, disse stærke Følelser, der formaae at bære et heelt Men-
neskeliv, om det aldrig er saa sunket og ødelagt (82-83).

Fortælleren er ikke blind for kærlighedens sanselige side, men

den aandelige er den overveiende. [..] Der er i denne en Higen, en glø-
dende Længsel efter en Forening, som ikke den høieste jordiske tilfreds-
stiller. Der er en Attraa efter at opgive sit eget Jeg, for at gaae op i den El-
skedes Væsen, og ligesom denne Længsel her aldrig udfyldes, kan den ik-
ke forklares, eller retfærdiggjøres på nogen anden Maade, end at det maa
være min Aands umiddelbare Vished om, at den staaer for noget Guddom-
meligt i den høieste concrete Skikkelse, hvori den her kan finde det. Og det
er mig af denne ene Grund ligesaa vist, at jeg skal vaagne fra Gravens Nat,
som at jeg overhovedet er til; thi den Kjærlighed, der drager mig til den El-
skede, er Søster til den, hvormed jeg engang skal skue mit Væsens op-
rindelig Ophav og Kilde (84-85).

Johannes lader sig ikke overbevise. Han længes kun efter at få sit resterende liv overstået hurtigst muligt.

Fortællerens ophold i det jyske ender med, at lynet slår ned i præstegården, hvorved Elisabeths lig forgår i flammer, mens det på et hængende hår lykkes fortælleren at redde præsten ud af flammehavet. Herefter synker Johannes ned i et tilstand af absolut indolens, hvor ingen og intet interesserer ham, mens fortælleren rejser tilbage til København.

"Mit Liv var mig selv en Gaade, og nu har jeg fundet Nøglen til denne Gaade" – Adskillige måneder senrere modtager fortælleren omsider et brev (206-216) fra Johannes, hvori han betroer ham, at hans liv har taget en fuldstændig kovending, fordi han har har fundet nøglen til sit gådefulde liv: "Dengang sad jeg i Smertens Nat og troede ikke paa nogen Morgenrøde, nu er mit Blik kun vendt mod den og mod at optøe de Iismasser, der spærrede mig Veien". Johannes har indset, at han har meget at være taknemlig over: "Nei, den er ikke ulykkelig, der arbeider i den Eviges Tjeneste; han er lykkelig som Faa". Elisabeths død, fortællerens mange gode råd samt hans gerning som præst bliver den redningsplanke, der både giver ham hjemstedsret i tilværelsen og "Mod til at leve evigt. Det er kun den stærke Sjæl, som kan have dette Mod, der giver Evighedens Bevidsthed". Før var han præst af navn, nu er han også blevet det af gavn:

Jeg blev viet til hans [Guds] Stridsmand, da jeg meente at ligge i Tilfældets gjøglende Favn. Nu har jeg erkjendt, at han er Veien, Sandheden og Livet, og har plantet hans Banner ved Siden af Forgjængelighedens Trophæ over min forsvundne jordiske Lykke.

Nogen tid efter, at fortælleren har modtaget dette brev, træffer han sammen med Johannes i Viborg (218-226), hvor der afholdes landemode (et årligt møde for folkekirkens øverste gejstlige). Dysset hen i "hellige Drømme" ved de skønne orgeltoner i Viborg Domkirke står fortælleren lænet op af en søjle, da Johannes bestiger prædikestolen og "blottede Vantroens Usselheed". Senere på dagen opsøger fortælleren Johannes, som forklarer, at han nu er enig i "den Ansku-else af Kjærlighedens Væsen, De eengang fremsatte for mig. [..] For den, der elsker, er der ingen Tvivl om et evigt Liv, der er Kjærlig-hedens første og naturligste Postulat; og den, der ei føler dette, hans Kjærlighed er uægte". Hvor han ført forbandede en uretfærdig skæb-ne, lovpriser han nu et nådigt forsyn. Dét brugte Elisabeth som en slags "Helgen", der førte ham til Gud: "Hvad er naturligere end at tænke sig en elsket Afdød staaende som sin Talsmand hos den Evi-ge. I Sandhed! For mig have To [Elisabeth og Jesus] lidt og ere dø-de". Og så slutter Johannes med at lovprise den ultimative eviheds-garant:

Der er en Gjenstand for min Kjærlighed, mit Øie aldrig har seet, og dog omfatter jeg den med mit Væsens hele Fylde. Den, der elsker ham, skal ikke see Døden, men gaae igennem Graven til hans Favn. Kjærligheden til Christus er mig Borgen for det evige Liv.

Et år efter sidder fortælleren ved Johannes' dødsleje og deltager bag-efter i hans begravelse. I en ung alder sagde han længselsfuldt ver-den ret farvel.

Teodicé-problemet løst med to Gudsbeviser – Har man sagt den jyske hede, må man også sige Steen Steensen Blicher. Meget tyder på, at Kofoed-Hansen var inspireret af Blichers *Hosekræmmeren* (1829), da han skrev *Liv af Død*. Begge historier fortælles af en u-denforstående, der "tilfældigt" kommer i berøring med hovedaktø-rerne, begge historier handler om en far, der modsætter sig, at hans datter gifter sig under sin stand, og begge historier udspilles på den mørke, jyske hede - en passende klangbund for tragiske livsforløb. Blicher og Kofoed-Hansen forsøgte tydeligvis at "forstå" den grum-me skæbne, der driver sit spil med magtesløse mennesker. Men så hører lighederne mellem de to forfattere også op. Hos den nøgterne realist Blicher gives der ingen højere begrundelse for, at datteren bliver sindssyg og dræber sin elskede, hos den kristne forkynder Kofoed-Hansen bliver Gud i sidste instans garanten, der forlener alting - også tilværelsens hjerteskærende uretfærdigheder - med en højere mening.

Med Elisabeths og Johannes' tragiske kærlighedshistorie har Kofoed-Hansen kondenseret hele teodicé-problemet i én maggiterning. Hvordan lader forestillingen om en algod Gud sig forene med, at "gode" mennesker rammes ubønhørligt af skæbnens brutale kølleslag? Var det kun de "onde", der blev slået til jorden, var der dog en vis ræson i det. Svaret ligger hos Gud. Når vi dør, giver han os i Paradis den ultimative forklaring på, hvorfor vort liv blev, som det blev. Alle tråde udredes, alle mysterier opklares.

Netop derfor er det så forfærdeligt, hvis man mister troen på Gud og et liv efter døden. I så fald opløses alting i et absurd lirumlarum, hvor de onde ler og de gode græder, hvor retfærdigheden aldrig sker fyldest, og hvor der ingen forklaring gives på nogetsomhelst. Fortælleren griber da også om ondets rod og forsøger at overbevise den skeptiske Johannes om sjælens udødelighed med to "beviser": 1) Det forhold, at vi overhovedet er i stand til at forestille os en Gud og et Paradis, er i sig selv et vidnesbyrd om, at begge dele også *må* eksistere, og 2) når kærligheden mellem en mand og kvinde er ægte, oprigtig og dybtfølt, må de nødvendigvis tro på, at deres kærlighed vil leve videre også efter deres fysiske død. Det første bevis er det såkaldt ontologiske Gudsbevis, som i middelalderen blev fremført af Anselm af Canterbury, det andet hører i udpræget grad den romantiske tidsalder til, hvor Gud blev opfattet som en slags mellemmand også i den jordiske eros mellem mand og kvinde. De titaniske følelser, de elskende nærer for hinanden, er så ophøjet sakrosante og rationelt uforklarlige, at Vorherre nødvendigvis må have en finger med i spillet. I den elskedes øjne skuer vi den evige magt selv.

Som motto for *Liv af Død* satte Kofoed-Hansen et citat fra Novalis: "Wer sich der höchsten Lieb' ergeben/Genest von ihren Wunden nie" [Hvem der har oplevet den højeste kærlighed/kommer sig aldrig over sine sår]. Med romanen viste Kofoed-Hansen, at man trods alt kan få et godt liv med sine sår, når man indfortolker dem i en kristen forståelsesramme, der giver et ubærligt tab et ophøjet formål: Elisabeth døde, indser Johannes, for at han kunne blive en sand forkynder af Guds ord og troen på det evige liv i Paradis, hvor de vil blive genforenet for altid.

Hans Peter Kofoed-Hansen
(Kilde: Det Kongelige Bibliotek)

I 1842 åbnede Joseph Weniger et fotografisk atelier i Bredgade, København, hvor man for otte rigsdaler kunne blive udødeliggjort.

Det udaterede fotografi af Hans Peter Kofoed-Hansen t.v. er muligvis taget af Weniger kort tid efter åbningen? Kofoed-Hansen ser således ud til at være en mand i sin bedste alder. Han virker alvorlig og koncentreret, og så bærer han sit karakteristiske gedebukkeskæg.

4. KJØD OG AAND,
ELLER DE TO VEIE (1845)

Thi Kødet begærer imod Ånden, og Ånden imod kødet;
de to ligger nemlig i strid med hinanden,
så I ikke kan gøre det, som I gerne vil.
Men drives I af Ånden, er I ikke under loven.
Paulus (Galaterbrev 5:17-18)

Boede man i Odense i årene 1843-1845, kunne man hen på aftenen jævnligt observere en alvorligt udseende mand i starten af trediverne, der målbevidst entrede Graabrødrelille tårn. I daglig tale blev det kaldt Hempels tårn efter bogtrykkeren og teologen Søren Hempel, der havde ladet det opføre i 1819 af sten, han havde købt efter nedbrydningen af Graabrødre Klosterkirke. Hempel var meget interesseret i himmelfænomener og brugte tårnet som et observatorium til "astronomisk Fornøielse" (H.C. Andersens formulering). Den mand, der tog det i besiddelse, når solen gik ned, havde dog helt andre interesser. Det var nemlig Kofoed-Hansen, der efter at have overstået dagens lektioner på latinskolen, nu havde natten til sin egen rådighed.

Og allerøverst i tårnet midtvejs mellem himmel og jord sad han så talrige nætter og skrev på sin tredje roman, der skulle blive hans livs hovedværk (J/247). Papirdyngerne hobede sig op. Ville det nogensinde få en ende? Når han holdt en pause og stirrede eftertænksom ud over staden, medens han spekulerede på, hvordan han skulle komme videre med sit manuskript, havde han udsigt til Graabrødrehospital, der bl.a. rummede stiftets sindssyge. (Vi kender det fra H. C. Andersens erindringer *Mit Livs Eventyr* (1855), hvori han fortæller om sine gruopvækkende besøg hos sin indlagte farfar). Udsigten var meget passende, fordi hovedpersonen i Kofoed-Hansens roman bliver vanvittig og indlagt et års tid på en dårekisteanstalt i Tyskland.

I juli 1845 kunne Kofoed-Hansen omsider sætte det sidste punktum. Han havde fuldbragt sit magnum opus. En kraftpræstation af rang. Ligesom Moses steg ned fra Sinaibjerget med De Ti Bud, steg han ned fra Hempels tårn med et manuskript til opbyggelse og vejledning for sin forvirrede samtid. Kofoed-Hansen omtalte det selv som "en Art Roman i to Dele" (J/218).

Den titel, Kofoed-Hansen gav sin bog, var uforsonlig konfrontatorisk og dermed et piskesmæld over nakken på alle medieringsbesatte filosoffer af Hegelsk tilsnit. Ja, den kunne i virkeligheden stå som en flammende overskrift, et epitafium, over hele romantikkens dualistiske tilværelsesforståelse: *Kjød og Aand, eller De to Veie.*

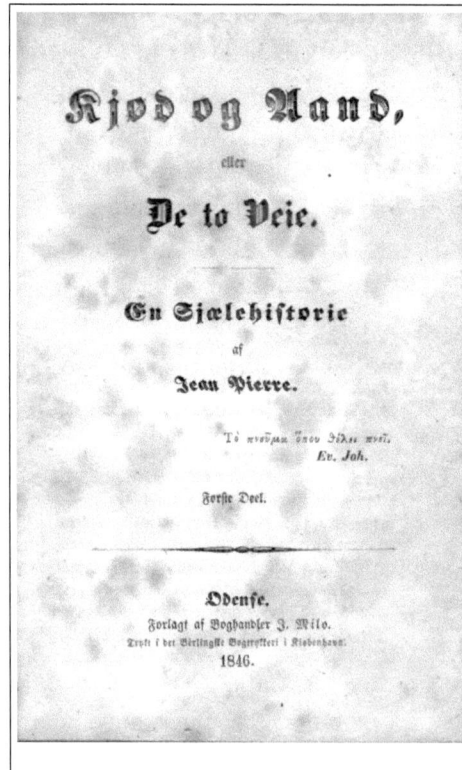

Titelbladet til første del af Kjød og Aand, eller De to Veie.

Boghandleren J. Milo i Odense indvilligede i at udgive Kofoed-Hansen manuskript, som blev sat og trykt i det Berlingske bogtrykkeri i København. Romanen, som Kofoed-Hansen gav undertitlen „En Sjælehistorie", blev så omfangsrig, at den måtte splittes op i to bind på tilsammen næsten 850 sider. Skønt den bar udgivelsesåret 1846, udkom den faktisk sidst i december 1845. Det græske citat på titelbladet stammer fra Johannes evangeliet 3.8 og lyder i dansk oversættelse således: „Vinden blæser, hvorhen den vil".

Dobbeltværkets komposition - *Kjød og Aand* er en dannelsesroman bygget over et trefaset forløb, som man efter Meïr Aron Goldschmidts voluminøse storværk *Hjemløs* (1853-1857) slagsordsagtigt har kaldt hjemme → hjemløs → hjem. I hjemme-fasen skildres hovedpersonens opvækst i barndomshjemmet, i hjemløs-fasen følger vi ham gennem hans ungdomsår, hvor han vægelsindet drages mod forskellige kvinder og livsopfatteler, i hjem-fasen falder han til ro i et trygt ægteskab og med et fast arbejde (han genetablerer så at sige hjem-fasen men nu med sig selv i rollen som far i stedet for som barn). Som i de fleste dannelsesromaner fylder midterfasen næsten alt hos Kofoed-Hansen. Da handlingen tager sin begyndelse, er det således allerede tre år siden, hans hovedperson Axel von Egenskjold, en økonomisk uafhængig adelsmand på 23 år, forlod sin barndomsegn og påbegyndte en dandyagtige flanørtilværelse dels i udlandet og dels i København. Først ved romanens slutning knap fire år senere når han hjem, såvel livsanskuelsesmæssigt som geografisk. Ringen sluttes.

Beretningen om Axels talløse genvordigheder undervejs fortælles i syv afsnit, hvoraf han i de tre første opholder sig i Danmark og i de fire sidste i udlandet. Skemaet på side 54 anskueliggør *Kjød og Aand*s komplekse opbygning. I den første spalte er angivet hvert enkelt afsnits overskrift og sidetal, i den anden det tidsrum, handlingen spænder over, i den tredje de lokaliteter, hvor Axel opholder sig, i den fjerde fortællersynsvinklen og i den femte navnene på de forfattere, hvis citater Kofoed-Hansen bruger som mottoer.

1. spalte > Afsnit – Romanens undertitel er „En Sjælehistorie", og de symboltunge titler på de syv afsnit refererer da også alle til Axels skiftende sjælstilstande. Fra afsnit 1 til 3 er titlerne hentet fra meteorologiens verden og varsler et optrækkende uvejr: Fra en tordenladet luft fuld af elektriske spændinger [1] over en ansamling af uheldssvangre, mørke skyer [2] til et regulært tordenvejr, der også har karakter af et skibbrud [3]. Fra afsnit 4 til 6 refererer titlerne til en skrækkelig afgrund, som Axel først nærmer sig og sluttelig synker

AFSNIT	TID	STED	FORTÆLLER	MOTTO
1 Qvalm Luft (1.1-91)	Dec. 1823 - April 1824	København (byen)	Alvidende	Byron
2 Skysamling (1.92-188)	April - Juni 1824	Egensø (landet)	31 breve især fra Axel	Frederik Paludan- Müller
3 Uveir og Skibbrud (1.189-444)	Juni - September 1824	Egensø (landet)	Alvidende	Novalis
4 Nedgang (2.1-112)	Oktober 1824 - Marts 1825	Hamborg, Køln, Eberbach	Axels dagbog/ Alvidende (efter 2.67)	Byron/ Oehlen- schläger
5 Afgrunden (2.113-197)	April- August 1825	Eberbach	Axels dagbog/ Alvidende (efter 2.170)	Staffeldt/ Heine
6 Afgrundens Udgang (2.198-314)	September 1825-Maj 1826	Eberbach	Axels dagbog/ Alvidende (efter 2.269)	Novalis/ Staffeldt
7 Opgang og Undergang (2.315-394)	Maj 1826 - 1827	Paris, München, Gardasøen, Rom	Alvidende	Goethe/ Oehlen- schläger

Kjød og Aand, eller de to Veie: *Romanens opbygning*

ned i [4]. Det ene år [5-6], han tilbringer i afgrunden, er i sandhed rædselsvækkende [5-6], men men lykkeligvis finder han frem til dens udgang [7]. Titlen på afslutningskapitlet markerer en nødvendig dobbeltbevægelse: Han når frem til en lykkelig afklaring på sin livssituation („Opgang"), fordi han endegyldigt formår at give slip på sin hidtidige livsfortolkning ("Undergang"). Udtrykkenes vertikale karakter („Op" versus „Under") refererer til hhv. „Aanden" og „Kjødet".

2. spalte > Tid - Handlingen udspilles mellem den 24. december 1823 og en gang i 1827 med flere tilbageblik til personernes forhistorie.

3. spalte > Sted - Handlingen foregår dels i Danmark (1-3. afsnit), dels i udlandet og i Danmark (4-7. afsnit).

4. spalte > Fortæller - Kofoed-Hansen eksperimenterer med forskellige fortællersynsvinkler og teksttyper. Afsnit 4-6 falder eksempelvis i to halvdele: Først en reflekterende del bestående af uddrag fra Axels dagbøger skrevet under hans ophold i Tyskland, og derefter en handlingsmættet del skrevet af en alvidende fortæller, som holder os orienteret om, hvad der sker hjemme i Danmark. Når Kofoed-Hansen ikke skrev en jeg-roman med synsvinklen lagt hos Axel, skyldes det en fortælleteknisk nødvendighed: Mange af romanens begivenheder udspilles uden hans tilstedeværelse. Hertil kommer, at forfatteren ønskede at vise os Axel set såvel udefra som indefra. Endelig var hybride kludetæppe-romaner sammenstykket af mangfoldige teksttyper med forskellige fortællerstemmer på mode blandt tidens prosaister.

5. spalte > Motto – Hvert afsnit indledes med et ofte melankolsk citat fra romantikkens digtere. Disse mottoer fungerer som stemmegafler, hvormed Kofoed-Hansen slår afsnittenes grundstemning an. Øjeblikkelig bringes læseren i den rette sindstilstand og får en idé om afsnittenes temaer. Et par eksempler. „Oh Love! Thou art the very god of evil/for, after all, we cannot call thee devil", lyder det paradoksale motto for afsnit 1, som især handler om Axels forelskelse i Angelique. Citatet stammer fra Lord Byrons digt *Don Juan* (1819), som er den unge Axels „Yndlingslekture" (2.258). Et af to mottoer for afsnit 7 stammer fra Oehlenschlägers skuespil *Dina* (1842): „Jeg vil ei klinge med i Melodien,/Men skurre som en sælsom Dissonants". Det refererer dels til et selvmord, en kvinde begår i afsnittet, og dels til det spændingsfelt mellem dissonans og harmoni, som gennemsyrer hele romanen.

Axels dannelseshistorie - Ved starten af romanens første del er Axel "endnu i den Alder, da Livet er en Balsal" (1.12), og han gør sig derfor ikke mange tanker om tilværelsens mål og med. Han har nok i øjeblikkets flygtige glæder. Da livets alvor rammer ham, tvinges han i bogens anden del ud i dybe kriser af eksistensfilosofisk art. De er smertefulde men nødvendige, for at han kan finde frem til Guds mening med netop hans liv. Vi følger Axels udvikling gennem hans handlinger, udtalelser, refleksioner, symboltunge drømme, breve og dagbogsoptegnelser.

I romanens første del udgør Axels venskaber med mænd og amorøse eventyr med kvinder pejlemærker for hans dannelsesproces. Såvel blandt vennerne som kvinderne skiller tre sig ud (hhv. Weinrich → Splenham → Vilhelm og Angelique → Natalie → Astrid). Disse seks personer er selvsagt faktiske individer i romanens univers, men de repræsenterer samtidig forskellige løsninger på den Kjød/Aand-problematik, som bogen er bygget op omkring. Gennem vennerne får Axel en stadig klarere indsigt i hvilken livsanskuelse, der kan bære ham helskindet igennem tilværelsen, gennem kvinderne får han en stadig dybere forståelse af den sande kærligheds væsen. Efterhånden som han gennemlever og forkaster de forskellige optioner, både hvad angår livssyn og eros, kommer han videre i sit liv og lægger tildels vennerne og kvinderne bag sig som udtjente ham.

De seks herrer og damer viser primært deres sande jeg gennem deres handlinger (jfr. nedenfor) og sekundært gennem deres bidrag til de "interessante" diskussioner, de konstant fører. Blandt emnerne er de forskellige kunstarter (litteratur, malerkunst, musik, dans mv.) og forholdet mellem dem, krigen i Grækenland, den forskellige tøjkodeks for kvinder og mænd, kvindens natur, kvindens emancipation, kriterierne for kvindelig skønhed, menneskets situation i verden - er naturen kun til for vores skyld? - gengangeri, de lavere socialklassers uskønne fremtoning - „At de ikke ere smukke kommer deraf, at de ere raae og udannede" (1.293) - ægte kærlighed, hvilken sjælstilstand der griber én efter et uvejr, vanviddets væsen, „Sukkenes Naturhistorie" (1.400) - hvornår sukker man? hvilke suk er de dybeste? - tilværelsens mening eller mangel på samme, hvor man helst vil afgå ved døden mm. Den stilling, personerne indtager i forhold til "dagens emne", medvirker til at definere dem både som enkeltindivider og som typer. Den overordnede, fælles referenceramme er tidens fremtrædende forfattere, som citeres ved enhver given lejlighed.

Tre venner ... tre måder at leve sit liv på

Den jordbundne spidsborger Weinrich - Kammerjunker *Weinrich*, Axels ejegode fætter, beskrives som „en temmelig velnæret Figur med et opblæst Ansigt, der ikke just forraadte Skarpsindighed" (1. 11). Han er en madglad, hyperpedantisk regelrytter. Hans venner griner af ham bag hans ryg, kalder ham deres „Hofnar" (1.107) og behandler ham med overbærende tålmodighed. Tit kommer han da også klumpedumpeagtigt galt afsted: Han stanges af en vædder, mister kontrollen over en hest, vælter sin dansepartner omkuld under et bal, taber sin paryk og blotter sin skaldede isse osv. Kort sagt: Han er prototypen på den satte og overfladiske *spidsborger*, der er travlt optaget af dagen og vejen og har meget lidt forståelse eller interesse for kunst og tilværelsens dybere spørgsmål. Han ligger bestemt ikke søvnløs om natten og spekulerer over, hvad meningen er med hans liv. Måske er Weinlich i virkeligheden bare som folk er flest?

Axel tager allerede fra romanens start klart afstand fra sin fætters magelige, ubekymrede og ureflekterede indfaldethed i tilværelsen. At være en åndløs spidsborger er slet ikke nok til at tilfredsstille Axels dybe, lidenskabelige længsler. Livet *må* rumme noget mere?

Den kyniske æstetiker Splenham – Englænderen *Splenham*, der en kortere årrække er udstationeret i København som diplomat, udgør det næste stadie på livets vej. Uden for enhver tvivl er han romanens mest rendyrkede *æstetiker*. Efter hans mening består livet blot af en lang kæde af *øjeblikke* med meget forskellig valør. De har intet formål, ingen indbyrdes forbindelse eller dybere mening. Livet er

Undertiden en Ørken som Sahara, kjedsommelig som dens evige, eensformige Sandhøie. [..] Undertiden [..] den lystigste Tumleplads som St. Markospladsen i Carnevalstiden. [..] Et Blik i en Laterna magica er Livet [..] Lys og Skygge, Illusion og broget Flitter, Manden med Leen og Danserinden med Psychevinger! (1.13).

Splenham er en erklæret ateist, som mener, „at Døden var en ende, og at der intet bevidst Liv var efter den" (2.124), og derfor er det kun livet her og nu, der tæller. Man må aldrig stagnere, man må altid sove med rejsestøvlerne på, så man når som helst kan bryde op, skifte erhverv, partner, venner, nationalitet, ja sågar personlighed.

Når Splenhams ansigt er som „en Tavle for alle Slags Tanker og Følelser" (1.120), er det fordi, han ser på hele tilværelsen med et ironisk distancerende blik. Han engagerer sig aldrig betingelsesløst i noget som helst, men forbeholder sig altid retten til at holde farvandet åbent for frydefulde forandringer (1.128): „man trænger til at holde sig en Mulighed aaben, hvormed man kan slaae Skjæbnen paa Øret, naar den bliver alt for chicaneux". Forandringer er kodeordet for hans liv: „Alt er saa forslidt, saa gjennemgaaet, saa nydt, saa behandlet her i Verden, at man tilsidst maa døe af Kjedsommelighed i samme Øieblik, man fødes, naar man ikke som et Grundmiddel heri-

Med kurven under armen siger Rødhætte farvel til sin mor.

Rødhætte møder ulven på sin vej til bedstemor.

Ulven har forklædt sig som bedstemor (Tre Laterna magica-motiver med en sammenhængende historie).

En Laterna magica *var en tidlig forløber for et lysbilledeapparat. Når man førte glasplader med påmalede motiver gennem apparatet, blev de projiceret op på en væg.*

Splenham opfatter hele tilværelsen som ét langt Laterna magica-show. For ham er der ingen sammenhæng mellem motiverne, de forskellige livssituationer, som blot vilkårligt følger efter hinanden i en kontinuerlig strøm. Livet er en rodebutik, en skrotbunke, hvor det udelukkende gælder om at udnytte hver enkelt øjeblik optimalt.

mod falder på at bytte Roller". Mange kan de være, men ligesom Johannes Forføreren i *Enten-Eller* mener Splenham, at elskerrollen er den mest tilfredsstillende. Dybest set er det jo den hæftigt opblussende lidenskab, som var størst, første gang man blev ramt af Amors pile, der gør livet udholdeligt (1.34f.):

Sandt er det, der er en Lyst, mod hvilken Alt andet er blegt og bart; en Lyst, der gjemmer Perlen af enhver Fortryllelse, naar Qvinde og Mand møde hinanden første Gang i lige glødende Lidenskab. Naar denne Lysts Flammer ere slukkede, da har Livet intet Andet end sit grinende Ansigt. Dets Kinder er blege og rødme kun i et Gjenskin af hine Flammer. Som sagt, kun een Gang lue de i deres fulde Glands, og dog bestaaer senere Livets Lyst stedse kun i at fremlokke dem om igjen, at sige for dem, der ikke kunne slaae Tiden ihjel med Politik, Proselytmagerie, Oeconomie, Handel, Videnskab, Parade, Taktik og det andet Lapperi.

Trækker Splenham sig altså tilbage fra det udadvendte samfundsliv, der over en bred kam affærdiges som „Lapperi", synes han dog heller ikke at blive sig selv fuldt ud i sine kærlighedseventyr. Han involverer sig jo aldrig betingelsesløst i dem. På den ene side gælder det om at opflamme lidenskabens bål for dog ikke rent at forgå i apatisk indolens, på den anden side må man passe på ikke at svides af lidenskabens flammer, så man uforvarende falder i den sorte gryde og ender i „Ægteskabets Trældom og Ensformighed" (1.122). Splenham fremstiller dette intrikate forhold i et malende og talende billede (1.187): „Jeg sammenligner Lidenskaberne med en Musefælde. Man maa derind for at hente Kjødet, derom er ingen Tvivl. Men da man nu ikke er nogen Muus, saa sætter man en Stiver under Falddøren for at kunne retirere, naar man har fortæret Lokkemaden". Han ønsker ikke at knytte sig så tæt til et andet menneske - det være sig en kvinde eller en mand - at han ikke til enhver tid vil kunne undvære det (1.117): "En af de Feil, man lettest begaaer, er at binde sig saa stærkt til et Menneske, at man savner ham, naar han er borte. Det er en stor Taabelighed -."

Lord Byron (ukendt kunstner)

Den engelske forfatter Lord Byron *(1788-1824), der er Splenhams store idol, døde i den græske frihedskrig 1821-1832, hvor grækerne med held revolterede imod det osmanniske overherredømme. Måske lagde Kofoed-Hansen netop handlingen i* Kjød og Aand *en snes år tilbage i tiden for at knytte an til myten om den unge døde digter og frihedskæmper. Axel og Splenham fantaserer således om at gå i Byrons fodspor og kæmpe for friheden ... men det bliver altsammen kun ved snakken.*

„Jeg har ikke hørt nogen Yttring af ham, uden at en haanlig Kulde har luret paa Bunden" (1.167). Med disse ord spidder Axels ven Vilhelm englænderen. Den hånlige kulde udspringer af Splenhams misantropiske grundsyn på alle de billeder, tilværelsens Laterna magica frembyder.

Han underbygger sit illusionsforladte „livssyn" med henvisninger til to af sine store landsmænd: De litterære koryfæer Lord Byron og Jonathan Swift („denne Forstandsgigant", 1.34). Den hyperromantiske Lord Byron med det sønderrevne sind aftvinger ubetinget respekt ikke alene pga. sin digtning, men måske især fordi han drager en heltemodig konsekvens af sin ubetvingelige frihedstrang (1.21): „En begavet Mand, der sætter Alt paa Spil for en Sag, som Byron gjør [..], har det Utrolige i sin Magt". At han dør i kampen for frihed gør ham til en sakrosant helgenskikkelse for en hel generation af unge romantikere og æstetikere. Hos Swift kan Splenham hente

en uendelig Styrke til at gjøre Livsskibet flot, naar det er kommet paa Grund; thi Ingen har saaledes kunnet vende Vrangsiden ud af Livets Former, som han. [..] Han viser Øiet Livsgestalternes jammerlige, fattige Bund og Grund, og Sindet føler sig frigjort til at spille Bold med Phænomenerne (1.105).

Splenham tænker givetvis på Swifts hovedværk *Gullivers rejser* (1726), hvor Gulliver efter sine begivenhedsrige rejser ender med at føle lede ved hele den menneskelige race.

Splenham kører på frihjul gennem tilværelsen. Han er en karismatisk fribytter, en kynisk erotisk grovæder, der skamløst forbruger kvinder som en anden Don Juan (1.384): „Mig er det [..] lige meget, om Skjønheden er sort, blond eller bruun, naar den kun er Skjønhed. Lad den plukke Blomsterne, der ere dem nærmest, og deres Eftermænd besørge Frugten". Han har ingensomhelst respekt for de gældende normer og værdier i et civiliseret samfund, han vil kort sagt „sprænge det hele Væv af paatagen Maneer, hvori Gemytterne hvile" (1.121).

Den fuldtonede etiker Vilhelm – Som romanens helhjertede *etiker* udgør lægen *Vilhelm* rosinen i pølseenden. Han er tillige Axels ældste ven og beskytter.

Hvilken værdi bør man tillægge det øjeblik, der er her og nu? Det er det „gamle Stridspunkt" mellem Axel og Vilhelm. „Alt har sin Tid, og derfor bør man nyde Øieblikket", mener Axel, hvortil Vilhelm svarer, „at Fremtiden altid er fattigst for dem, der har gjort meest ud af Nutiden" (1.9). Axel vil koncentrere „Evighedens Følelse i Minuttet" (1.79), Vilhelm vil sprede den ud over et helt menneskeliv. Kortere kan forskellen mellem hhv. en æstetisk og en etisk tilgang til livet næppe udtrykkes.

Vennernes forskellige vægtlægning af øjeblikkets betydning kommer tydeligt til udtryk i deres opfattelse af kærlighedens væsen. Vilhelm lovsynger den vedvarende kærlighed, som ikke brænder sig selv op i en forbigående lidenskab men lutret fører til realisationen af det eneste gyldige forhold mellem to elskende, nemlig det borgerlige ægteskab (1.165f.):

Det er tydeligt, at I [æstetikerne] ikke begriber, at Kjærligheden er mere end en Følelse, at den er et Liv, og Livet tages ikke saaledes paatværs og paalangs; men Livet er omfattende, og man omfatter ikke en Sjæls uendelige Verden i Minuttet, saalænge man er et endeligt Væsen. Det er en saare liden Deel af Sjælelivets uendelige Store, I omfatte i Momentet, I Evighedens Momentanister, og Tiden staaer bag Eder og leer ad Eders Pralerier. [..] Livets Phænomener [er som] en Bølgegang, hvor den efterfølgende Bølge er den foregaaendes Grav, men Sagen er, om man kun har Øie for den isolerede Bølge, eller om man under Betragtningen af denne har det hele Hav in mente, hvor hver Draabe har Betydning.

Vilhelms polære modsætning er dog ikke Axel men Splenham. Den engelske Byron-dyrker svælger i øjeblikkets uforpligtende beruselse, mens Vilhelm fordrer sammenhæng, kontinuitet og vedvarighed i livsforløbet. Splenham er forundret over, at Vilhelm kan være så skråsikker (1.169): "Er det dog ikke mærkeligt, at Nogen i denne Verden af Virvar og Illusion kan træde op med den impertinente Overbeviisning, at have fundet det Sande og Rette? Uudstaaeligt er det - eller latterligt." Omvendt kalder Vilhelm hånligt Splenham og hans ligesindede for "Evighedens Momentanister". Konstant advarer han mod "den stykkevise Betragtningsmaade", som ikke begriber tingene i deres sammenhæng men fortætter alt i enkeltstående øjeblikke, som i sagens natur er flygtige, forbigående (1.168).

Splenham savner det midtpunkt, hvorfra alt lader sig overskue. "De ydre Gjenstande laane altid noget af den beskuende Sjæls Væsen" (1.362), siger han et sted. Yderverdenen har for ham ingen

objektiv struktur, den er ladet med det registrerende subjekts udpro-
jicerede følelser, og den antager derfor en amorf og tilfældig karak-
ter. Det enkelte menneske har ligeledes ingen fast personligheds-
kerne, hvorfor det frit kan påtage sig et hav af vilkårlige roller (1.
360): "hvad man indbilder sig, det er man." De forskellige roller
danner hver især et nyt glas, hvorigennem virkeligheden kan be-
skues.

Vilhelm vil hæve sig op over denne vilkårlige tilgang til alt, idet
han dels opererer med en fast personlighedskerne (Guds idé med
hver enkelte menneske) og dels betragter det enkelte (dråben) i dets
sammenhæng med det hele (havet). Splenham og Vilhelm repræsen-
terer hhv. en fragmentarisk/atomistisk versus en sammenhængende/
totalitetssøgende virkelighedsperception, og det er præcist i spæn-
dingsfeltet mellem disse to personer og deres radikalt forskellige
måder at forholde sig til tilværelsen på, at Axel ved romanens start
befinder sig.

Tre kvinder ... tre måder at elske på

Den sensuelle femme fatale Angelique – Før Axel mødte Angeli-
que gik hans kærlighedsliv med hans egne ord efter devisen „man
træffes, man søger hinanden, man elsker, man skilles, naar man er
kjed af Legen" (1.85). Romantiske affærer var for ham blot en måde
at fordrive tiden på, endnu en „Leg" blandt mange andre. Med An-
gelique blev alt anderledes. Han opfatter hendes navn som „en søenlig
Lyd, der klinger som en Klokke fra Paradis" (1.66), men for alle an-
dre lyder det frækt og forførende. Hun er da også en lettere forfløjen
danserinde, dedikeret til sit kald (1.16): "Kunsten maa gaa for Alt!
Den tilsidesætter alle Hensyn". Igennem dansen udtrykker hun sin
personlighed, og det er betegnende, at mens Axel foretrækker en tra-
ditionel vals, insisterer hun på at danse en eksotisk mazurka.

Over deres forhold ruger en tragedie: At han overhovedet kom i kontakt med hende skyldes en tidligere tilbeders selvmord, hvilket "kun [har] tjent til at give mine Følelser for Angelique en vis dæmonisk Inderlighed, der forhøjer det pikante i mit Forhold til hende" (1.8). Hendes udlægning af deres første møde er anderledes poetisk (1. 75): "Du søgte ikke mig og jeg ikke dig, derfor har jeg modtaget dig som en Gave af Skjæbnen". Skæbnen eller ej: Axels og Angeliques forhold er fra første færd skyldbetonet, de er lænket til hinanden „ved Dæmoniske Baand" (1.100).

Når han er sammen med hende, behøver han ikke at reflektere over sit liv (1.3-4): „Det er umuligt Andet end at glemme Alt i hendes Selskab. Aandrig, følelsesfuld, skjæmtende og alvorlig tillader hun aldrig Sjælen at synke hen i denne Grublen, der er Glædens arrigste Fjende [..] Jeg elsker hende næsten lidenskabelig" (det forbeholdne adjektiv „næsten" afslører, at der trods alt ikke er tale om en altomspændende, „ægte" kærlighed). Han gør sig ingen tanker om deres evt. fremtid sammen, for han ønsker ikke, at deres forhold skal blive „dagligdags og flaut som hos et Par retskafne Ægtefolk" (1.159). Angelique er den kvindelige pendant til Splenham: De er æstetikere på hhv. det livsanskuelsesmæssige og det amorøse felt.

På et tidspunkt opsøger Vilhelm Angelique for at overtale hende til at give slip på Axel (1.61):

Axels Liv her [..] er aldeles uden Betydning, og jeg kan tilføje -, har været det saa længe, at det er ham aldeles nødvendigt at udrives heraf, hvis det nogensinde skal erholde nogen. Der vil af ham engang blive fordret Meget; men vedbliver han endnu længere at tumle planløs om mellem alle mulige Adspredelser og Lyster, vil efter al Rimelighed det Tidspunkt gaae tabt, da hans Liv kunne tage en Vending.

Da Angelique selv kan se, at Axel mangler „Livs-Alvor" (1.66), vil hun ikke stå i vejen for, at han kan udvikle sig som menneske og skabe sig en karriere og et ståsted i tilværelsen. „Jeg elsker dig for høit til, at at vi ikke skulle skilles" (1.80), forklarer hun ham med en paradoksal formulering, der viser, at hun trods alt har et ædelmodigt sind. Da hun har givet ham løbepas og direkte truet med at begå selvmord, hvis han fremover opsøger hende, flytter han ved slutningen af bogens første afsnit tilbage til Egensø.

I de landlige omgivelser glider Angelique gradvist ud af hans sind. Først degraderes hun fra at være hans helt store kærlighed til at være en ven, hvorefter hans endelige frigørelse fra hende sker i et letgennemskueligt mareridt. Han drømmer, at han er ude at sejle og pludselig mister herredømmet over sin båd, hvorefter han driver viljeløst rundt på en sø,

indtil en Qvinde steg frem af Dybet med en Krands af Nymphæer om de mørke, spredte Haar. Hun sang for mig om Dybets Herligheder; men medens hendes Toner fortryllede mig, rørte sig en høiere Viden i mit Indre, der lod mig see Løgnen og Falskheden i hendes deilige Aasyn og sagde mig, at Grunden, hvorover Bølgerne hævede min Baad, var opfyldt af Slanger og Kryb. Ikke destomindre kunde jeg ikke modstaa min Længsel efter at synke i Armene paa Sirenen, der mere og mere antog Angeliques Træk (1.179).

Da vækkes han gudskelov af sin tjener, der overrækker ham et brev, hvoraf det fremgår, at Angelique er sporløst forsvundet. Reddet i den ellevte time! Axels mareridt er en omvendt variant af Agnete og Havmanden-historien, eftersom det heri er kvinden og ikke manden, der lokker med „Dybets Herligheder". At havet er fyldt med „Slanger og Kryb" giver associationer til Bibelens syndefaldsmyte.

Den forførende brunette Natalie – Efter sit afbrudte mareridt er Axel fritstillet til nye erotiske eskapader. De starter, da han under en jagt i en tætbevokset skov ved Egensø skyder tankeløst efter en fugl og istedet rammer … en pige. Den 17-årige Astrid Mølner, som er datter af legationsråden på nabogodset Guldtofte, er ude at spadsere med sin 24-årige kusine Natalie Lefeld og bliver overfladisk ramt i den ene arm af Axels hagl. Han undskylder selvfølgelig meget, og hermed er kontakten skabt.

I første omgang er det brunetten Natalie med "sorte Øine", "kulsorte Lokker" og "yppige, symmetriske Former" (hhv. 1.153, 1.192 og 1.318), som fanger hans interesse (1.216): "Hvor forunderligt var dog mit Sammentræf med hende! Hun seer ud, som om hun maatte

Edvard Lehmann: Agnete og Havmanden (malet mellem 1833 og 1892). Folkevisen Agnete og Havmanden *var for flere af 1800-tallets danske forfattere et klassisk eksempel på dæmonisk forførelse: Jens Baggesen (*Agnete fra Holmegaard*, digt), Adam Oehlenschläger (*Agnete*, digt), H.C. Andersen (*Agnete og Havmanden*, dramatisk digt), Søren Kierkegaard (*Frygt og Bæven*, dialektisk lyrik) og altså også Hans Peter Kofoed-Hansen.*

døe, hvis hun ikke vuggedes paa Roser gjennem Livet". Skal det blive hans livsopgave at vugge hende?

Blandt meget andet deler de en stor passion for Lord Byron. Natalie, som mener, "at Sjælen er født med Storme og fik sin Daab af Smertens Bæger", beskriver ham med disse ord: "Han var født til Fortvivlelsen, Smerten var hans Tvillingsøster, hans aandelige Liv var en Kjæde af Storme, der aldrig tillod ham at komme til ro" (2.322-323). Natalie og Axel deler også en fælles kærlighed til naturen. Da de en dag er ude at sejle på søen ved Egensø, hører de nogle tjenestefolk inde på bredden synge folkevisen om Agnete og Havmanden: "Han stopped' hendes Øre, han stopped' hendes Mund, Saa foer han med hende til Havsens Bund". I modsætning til Axels mareridt om Angelique er det nu ham og ikke hende, der er frister en. "Jeg skulde ikke betænke mig paa at spille Havmand, [..] naar jeg kunde trække Dem med til mit Slot i Dybet", siger han frimodigt til Natalie, hvortil hun henholdende svarer: "Er man først kommen i Dybet hos Havmanden, skal man blive der. Man skal derfor betænke sig, før man gaaer derned" (1.152-153). Ægteskabet er forpligtende for resten af livet, og hun ønsker indtil videre "at leve et musikalsk Liv, at blande Erindringer, Anelser og Forudfølelser i Øieblikkets klingende, melodiske Spil" (1.278). Som inkarneret øjebliksdyrker er hun ligesom Angelique et feminint modstykke til Splenham.

Af de lokale bønder bliver Natalie kaldt "den Sorte selv" (1.286), som de ikke desto mindre gerne vil danse "til Helvede med" (1.290), og Alex' livserfarne onkel advarer ham da også indtrængende imod hende (1.263): "Natalie er forførisk i enhver Henseende, forførisk for den, der endnu ikke har stirret sig mæt paa det Glimrende eller kjender Illusionen". Axel, som endnu er så ung, at han er "en Bold for sine Lidenskaber" (1.285), bliver alligevel mere og mere besat af hende, indtil han under et animeret bal lægger kortene på bordet under et møde på tomandshånd i en nærliggende pavillon (1.297-298):

Du min Vanvids Higen, min feberhede Drøms Billede! [..] i din Favn vil jeg slukke disse Flammer, der rase i min Sjæl og fortære den i min Lidenskabs vilde Qvaler. O, Natalie! jeg veed Intet uden din Kjærlighed, uden dig. [..] Hvor Tanken gaaer under i Lystens Bølger; hvor Følelser ere Ord, og Ord Toner; hvor Alt døer i Henrykkelsens Nu, derhen vil jeg føre dig. O Natalie!

Et enkelt "flammende Kys" bliver det til ved denne lejlighed men så heller ikke mere. Angst for de stærke følelser hos Axel, hun selv har fremkaldt med sit kokette væsen, flygter hun skyndsomt tilbage til balsalen.

Ligesom Angelique har også Natalie en skæbnesvanger fortid. Hun var i sin tid forelsket i Robert, Axels fætter, som nu formodes at være død, og måske så hun i Axel en mulighed for at en gentagelse af noget ellers for evigt tabt? En enkelt stormfuldnat finder de sammen under Roberts portræt i riddersalen på Egensø (1.321): "Hun sank villieløs om i Axels Arme. I Angest, i Extase, i en dunkeltglødende Lidenskabs dæmrende Bevidsthed omslyngede hun ham vildt, medens han i hendes yppige Favn druknede Erindring og Tanke". Herefter var hans eventyr med "Glædens mørke, fagre, vilde Datter" (1.426) slut.

Den kyske blondine Astrid – Da Axels lidenskab for Natalie klinger af, bliver han mere og mere betaget af *Astrid* med den "ambrosiske Aande" og "de dybe, blaae Øine, hvorigjennem Sjælens rene Himmel glimter" (1.368-369). Hun er i sandhed en uskyldsren, lysende engel. Splenham kalder hende "et smækkert, blondt Pigebarn, sammensat af Violduft og Maaneskin", der virker som om, hun er "falden ned fra Engleflokken under Trængselen til Guds Fodskammel" (1.151). Rent etymologisk betyder hendes navn da også den rene eller den kyske.

Hun får Axel til at forstå, "at Kjærlighed er frigjørende" (1.365). Begejstret beretter han om sin "rene" kærlighed til hende i et brev til Vilhelm (1.370f.):

Thi det var ikke Lidenskabens Ild, der flammede gjennem mig, men salig Længsel, som den maa gjennemsittre den, hvis Øie aabner sig for den e-vige Kjærlighed. [..] Oh Vilhelm! Hvad er dog skjønt og yndigt i Livet som en reen, ydmyg Qvinde; hvad er huldsaligt som den rene Qvindelig-hed? Den er Livets skjønneste Blomst.

Astrid, som er lige så kropløs som hun er åndfuld, bliver af Axel opfattet som "en Fee, der var dalet ned fra Ætherens Egne" (1.369) for at frelse ham (1.392): "En Engel er du, sendt fra den evige God-hed for at føre mig til den". Og hun bliver også forelsket i ham "ikke alene med jomfruelig Ydmyghed, men med den angestfulde Liden-skab, der altid ledsager en qvindelig Sjæls Hengivenhed for en Mand, hvis Indre rummer dæmoniske Magter" (1.374). Mødet med Astrid giver Axel skubbet ind på den rigtige livsbane.

Angelique, Natalie og Astrid. Man kan ligefrem høre på pigenav-nene, at vi bevæger os fra det sanselige til det åndelige, fra det mør-ke (to brunetter) til det lyse (en blondine), fra det eksotiske til det kernedanske. Sammen med Natalia har Axel endnu en følelse af, at han "favnede og favnedes af den hele Verden" (1.395). Bruddet med hende bliver samtidig et brud med enhver forhåbning om "paa en-gang [at] besidde Jord og Himmel, ja selv Helvede" (1.395). Betegn-ende nok dyrker han sex med Angelique og Natalie (de tænder beg-ge „den dæmoniske Ild" i hans hjerte, 1.390). Med Astrid ... absolut ikke.

Den splittede Axel vælger side – Ved romanens start føler Axel sig tryllebundet af Angelique og Splenham, fordi de lever i nu'et uden tanke for fortiden og fremtiden, og fordi de såvel i ord som gernin-ger udstråler en titanisk, grænsesprængende frihedstrang. De retter ikke ind men sætter sig tværtimod ud over alle normer og konventio-ner.

Allerede da Axel i afsnit 2 flytter på landet og kommer væk fra si-ne dårlige venner og veninder i storbyen København, begynder han at reflektere over tilværelsen. "Der er ingen Realitet i Livet" (1.97),

"Ere vore Ideer andet end fixe?" (1.73). Sådan beklager han sig i breve til Vilhelm. Axel stræber efter en *helhedsfølelse*, der rækker ud over øjeblikket. Foreløbig udmønter den sig i en nærmest kultisk naturekstase (1.173): "Jeg er intet Menneske, jeg er en Naturaand. [..] jeg fornemmer intet Enkelt, det er en heel, total Følelse af det u-endelige Liv i Naturen, der har sit Brændpunkt i mig." Følelsen er dog kun midlertidig, "fordi Civilisationens Uhyre har slaaet dens Mulighed ihjel", omend den får større levekraft, da han overfører den på kvinden (1.145):

Hvorfor er Naturen ikke en Qvinde, i hvis Arme man kunde fortabe sig? eller er ikke Qvinden Naturens Repræsentant, og er det ikke netop derfor, vi føle os saa magisk tiltrukne hende, fordi vi ved hendes Bryst hvile ved Naturens eget bankende Hjerte?

Mest signifikant er det, at Axel i sin landlige isolation begynder at se på Splenham med helt nye øjne. I et brev til Vilhelm forklarer Axel, „at han [Splenham] er bleven mig i høieste Grad imod. Jeg begriber ikke, hvad jeg da har seet i dette Menneske". Nu forekommer eng-lænderen ham at være „en kløgtig Satyr", „en Dæmon [som] har lagt mig i usønderrivelige Lænker" (1.368). Hvad der især støder Axel er, at Splenham leger med kærligheden og dermed de kvinder, han har indfanget i sit net (1.389): "et koldt Hjerte, en Sjæl, der ikke menneskeligt bøier sig under Lidenskabens Scepter, trænger egentlig til varmt Bly"!

Og blyet leverer Axel selv: I en højdramatisk duel, der afrunder ro-manens første del, dræber han Splenham. Mordet er selvfølgelig en faktisk begivenhed, men det har tillige symbolsk betydning: Axel kapper forbindelsen til den æstetiske livsmodus, han hidtil har eksi-steret i og for, og han er dermed klar til at tage det næste skridt på sin vej mod at finde sig selv (som vi ville udtrykke det i dag).

Første del af *Kjød og Aand* indrammes af to betydningsladede hes-teridt. Da vi møder Axel i bogens åbningsscene kommer han i fuld fart galopperende hen ad Strandvejen nord for København den 24.

december 1823 (1.23): "Ha! naar man jager afsted paa den flyvende Ganger, og Luftstrømmen hviner om Ørene, da faaer man en Forsmag paa den rene Frihed". Han er en ansvarsfri æstetiker, der uden skrupler af nogen art dyrker "den rene Frihed". Da vi møder ham i bogens slutscene bestiger han i september 1824 nok en gang sin hest, men dennegang for at ride "bort i den mørke Nat" (1.444). Efter mordet på Splenham er han nemlig en fredløs morder, der må flygte fra Danmark for at undslippe lovens lange arm. (Man forstår dog, at han allerede efter et par år kan vende tilbage til sit fædreland uden at blive retsforfulgt. Drabet fandt trods alt sted i en duel, hvor alt gik forskriftsmæssigt til)!

Hvor Axel i starten af 1824 opfatter Vilhelm og Splenham som hhv. en gammelklog, velmenende ven, der ikke er fulgt med tiden (Weinlich mener, at han er "et fortræffeligt Menneske, ret hvad Tydskerne [..] kalde "ein Biedermann"", 1.388), og en moderne, interessant inkarnation af tidsånden, skifter han i løbet af året standpunkt. Han begynder at værdsætte sin gamle ven og først foragte og derpå dræbe sin nye. Det dødelige opgør med Splenham bliver "den skrækkelige Søile, hvor mit Livs Vei vender sig" (2.10). I sit ufrivillige, udenlandske eksil, der kommer til at vare tre år, tvinges Axel til at stoppe op og reflektere langt dybere over sit liv, end han gjorde under sit ophold på Egensø.

Vejen mod afgrunden – Efter flugten fra Danmark kæmper Axel sig frem til sin endegyldige livsforståelse gennem tre faser: I den første [afsnit 4] opholder han sig i Hamborg og Köln for sluttelig at blive tvangsindlagt på Eberbach galehus, i den anden [afsnit 5-6] er han patient i omtalte dårekiste, i den tredje [afsnit 7] bliver han udskrevet efter at have genvundet sin forstand.

Da Axel efter duellen med Splenham krydser den dansk-tyske grænse, føler han sig som „en Comet, der farer vildt om i Universet". Adskilt fra Astrid, sine venner og sit fædreland er han „udslynget i det tomme Rum, hvor Alt er betydningsløst, fordi Alt er ligebetydende" (2.4-5). Man kan levende forestille sig, at Kofoed-Hansen i de lange nætter, hvor han sad oppe i Hempels tårn og skrev på sin roman, undertiden holdt en pause og kiggede op på himlen gennem Hempels stjernekikkert. Synet af det uendelige himmelrum fascinerede ham, og han besluttede at bruge en komet som et stærkt visuelt billede på Axels kosmiske ensomhed uden tilhørsforshold til nogen eller noget.

Til ensomheden føjer sig en næsten endnu større trussel. Han kan med held flygte fra de danske myndigheder, men han kan ikke flygte fra en genstandsløs *angst*, der er blevet hans trofaste følgesvend (2. 8):

Hvorfra kommer denne Angest, denne sælsomme Angest? Det er intet Enkelt, der ængster mig; jeg har før ængstedes, men jeg vidste hvorfor. Er det den uhyre Tomhed, der ligger for mig, der skal bebygges og befolkes? Er det, fordi jeg færdes og boer paa en ladt Mine, der hvert Øieblik kan springe i Luften?

Angsten, Axel gribes af, gælder ikke noget specifikt men er altomspændende. Den rammer et menneske, når dets ønske om *at blive sig selv* får karakter af en eksistentiel nødvendighed (2.9-10):

Jeg har havt Følelser, for hvilke mit Hjerte gyser i Angest. Det er undertiden, som laa der en krudtsvanger Masse i mit Indre, en elektrisk Gnist fra Nerverne kunde antænde. Nu veed jeg det, jeg er angest for mig selv; men hvad er jeg selv? Er jeg selv ikke, hvad jeg vil gjøre mig til? [..] Velan, jeg vil være mig selv!

Vi må nødvendigvis krydse angstens territorium, før vi muligvis når frem til Kanaens land på den anden side. Ekspeditionen gennem det ubekendte land, som har karakter af en bundløs afgrund, kan være så gruopvækkende og livsfarlig, at den kræver et nærmest overmenneskeligt mod. Der gives imidlertid ingen lette gen- eller omveje, vi må konfrontere os med og besejre „Afgrundens Uhyrer" (2.26), hvis vi vil frelses. Og Axel er sig pinefuldt bevidst, at han må rejse alene (2. 62):

Men Ingen sørger for den forladte Sjæl, Ingen bekymrer sig om den Nød og Jammer, der omspænder Sjælen i dens Ensomhed, naar de Baand, der binder den til det Almindelige, sprænges det Ene efter det Andet, og den synker dybere og dybere ned i Rædslernes Afgrund.

I begyndelsen nærmer han sig afgrunden i sine mareridt. Han drømmer således, at han befinder sig i „en skummel Hule", hvor en frø stirrer på ham „med dumme, glansløse Øine". „Krybet" fylder ham med „en saadan Angest og Væmmelse", at han spytter efter det. Men hvad sker: Frøen vokser og vokser „til et Menneskes Høide", vralter hen til ham og griber ham om hans baghovede med sine kolde, slimede og svømmehudsbelagte fingre, mens den „med fjantet Gebærde og lallende Tunge" fremstammer: „Jeg hedder Vanvid" (2.60-61). Ligesom en præst kan indvie et barn til Guds rige gennem dåben, kan frøen med sit dødningegreb brændemærke et menneske, så det er hjemfalden til vanviddet. Giganttudsen varsler, hvad der skal komme. Foreløbig har den kun magt over Axel i hans drømme, hvor det ubevidste sjæleliv udfolder sig frit, i vågen, bevidst tilstand kan han endnu holde den stangen.

Faldet ned i vanviddets afgrund sker, da han besøger Eberbachs galehospital og bliver konfronteret med sin indlagte fætter Robert. I årevis har man formodet, at han var død, og nu viser det sig, at han „blot" var vanvittig. Axel går amok, slår om sig til højre og venstre, og må tilsidst fastbindes af anstaltens medarbejdere. På dramatisk vis er rollerne hermed byttet rundt: Robert forlader anstalten som helbredt, Axel bliver indlagt som sindssyg.

I afgrunden - „Der er i sig selv Intet mere poetisk i Verden end Vanvid" (1.350). Denne flotte formulering kom Splenham med på Egensø, og i forlængelse heraf fastslog Axel, at

ingen Dødelig skal med Sikkerhed kunne bevise, at det [vanviddet] ikke aabner sine Børns Øine for en Verden, der usynlig for det almindelige Øie omgiver den Synlige, at det ikke giver Seerblikket for en rædsom Elendighedens og Jammerens Afgrund, over hvilken den glade og fornemme Verden i borneret Sorgløshed dandser. Naar Vanviddet forbinder sig med Drømmen, kan det opløse hele Verden i Idealismens Skin (1.361).

Med sin indlæggelse får Axel selv „Seerblikket", han bliver „Konge af Dødningehaand", som kæmpefrøen havde spået (2.61 & 2.114). Som majestæt fører Axel dagbog, fordi han vil „holde Regnskab o-ver mine Hændelser, mine Qvaler, for at kunne fremlægge dem ved det store Stevne [dommens dag]" (2.121). Dagbogen, der fylder 130 sider i romanen, giver os et unikt indblik i den måde, hvorpå en van-vittig opfatter verden.

Axels grundlæggende problem er, at hans „Bolig ligger udenfor den øvrige Menneskeheds" (2.118). Spidsborgerne har nok i dagen og vejen og lever hele deres liv udelukkende i timeligheden (rent „Kjød"), de hellige er konkret eller i overført betydning gået i klo-ster og har taget evigheden på forskud (ren „Aand"). Axel befinder sig et sted midt imellem i „Rædslernes Rige" (2.149). Selv taler han om, at hans

Væsen [..] spaltede sig i To og druknede sig i Qval og Lyst. Det var, som om jeg svævede midt i Universet og blev slidt mellem to Sphærer, som om jeg blev trukket ned ved uimodstaaelige, tryllende Følelser, medens en for-tvivlet Længsel i mit Bryst stræbte op.

De „tryllende Følelser" retter sig mod hele hans foregående liv, hvor han var i sine lidenskabers vold, hans „Længsel" retter sig mod det liv, han aner venter ham hinsides afgrunden. Og det er bestemt ikke sjovt at hænge der „midt i Universet" (man mærker igen inspiratio-nen fra Kofoed-Hansens stjernekiggeri i Hempels tårn).

Fordi Axel ikke kan vælge side, er hans liv sat i stå som en skak-brik, der ikke må flyttes. „Tid, hvor er din Qval! Evighed, hvor er din Glæde!" noterer han i sin dagbog, og dette fem gange gentagne mantra (2.115,119,119,129,136,152) bliver omkvædet for hans liv på anstalten. Da han hverken tilhører tiden eller evigheden, da han hverken er fugl eller fisk, famler han fortvivlet rundt et ufarbart no man's land, som han ikke kan slippe ud af.

Sprogligt kommer hans fastlåsthed bl.a. til udtryk i en vidunderlig optegnelse, som kan minde om et stykke modernistisk vrøvlelyrik (2.136):

Ingen Udgang, ingen Frelse, ingen Frelse, ingen Udgang, ingen Frelse, ingen Frelse, ingen Udgang. Lirumlarum, Abracadabra, Lirumlarum. Snip, Snap, Snurre, Basselure, Basselure, Snurre, Snap, Snip, Snurre, Purre, Basselure, Basselure, Snurre, Snip, Snap, Snurre, Purre, Purre, Snurre – ha! der stod Hjulet.

Axel starter med at konstatere, at udgangen og frelsen er sammenhørende størrelser, der gensidigt forudsætter hinanden. Problemet er blot, at udgangen og dermed frelsen er så svær at finde. „Der er et mål men ingen vej", som Franz Kafka mange år senere udtrykte det. Selv ikke besværgende eventyrremser som „Snip, snap, snurre – nu er historien ude" og „Snip, snap, snurre Basselure. Visen er ude" fører til udgangen. Axels liv er uhjælpeligt sat i stå, og i afmægtig desperation gentager han trylleformularerne i stadig mere forvrøvlede versioner, hvor han bytter rundt på ordenes „magiske" rækkefølge. Men så pludselig stopper hjulet helt vilkårligt efter endnu et „Snurre". Hjulet, der refereres til, er det „Hjul i Tidens Værk" (2.136), som nødvendigvis må sættes i stå, hvis man vil undslippe gentagelsernes gentagelse. Sker det ikke, ender vi som hamsteren, der løber rundt og rundt i sit hjul uden nogensinde at komme ud af stedet. Året i galehuset er Axels purificerende ophold i hamsterhjulet/skærsilden, som nødvendig må gå forud for frelsen.

Axel ved, at der findes en udgang, men han aner i starten ikke, hvor han skal søge den. Af samme grund omtaler han sig selv som „den evige Søgen" (2.170). Efterhånden som året i purgatoriet skrider frem, indser han, at hans eftersøgning må koncentrere sig om to hovedspor, og at det ene må gå forud for det andet.

Axel må *for det første* vedkende sig alle sider af sin personlighed, hvilket han har uhyre svært ved. Identitetsspørgsmålet - hvem er jeg,

"Hvorfor er jeg den, jeg er?" (2.205) - er essentielt for ham som vel for ethvert tænkende menneske (2.153):

Kunde jeg dog blive mig selv qvit! Ikke mig selv, men hvad jeg ikke vil af mig selv, men hvad jeg ikke vil af mig selv, hører det - hvorhen? Hvad skulde jeg saa gjøre med mig selv, naar jeg selv kastede mig bort? Hvor er Grændsen mellem mig og mig selv?

Som udgangspunkt vil han kun acceptere sin „Bevidsthed", mens han bandlyser „Sjælen" (= det ubevidste, de lidenskabelige sider af hans personlighed som han ikke kan styre med sin bevidsthed/forstand). Med denne sondring, hvor han tillægger sjælen en noget anden betydning end den gængse, kan han så at sige fralægge sig ansvaret for sit hidtidige liv - hans vilje var trælbunden - og skyde skylden på skæbnen. Umidddelbart efter sin flugt fra Danmark skriver han da også i sin dagbog (2.17):

Jeg kan tage hvilket Punct af mit Liv, jeg vil, saa seer jeg af det Foreliggende min Handlings Nødvendighed. Som jeg nu engang er, kunde jeg ikke have handlet anderledes under de givne Omstændigheder. [..] Jeg kunde Intet have undgaaet. Om jeg havde hørt Røster fra alle Stjerner, jeg var sunket i Natalies Arme; og det er dog nærmest hende -, denne Lidenskab, der har søndersplittet mit Livs Bygning.

I løbet af det år, han er indlagt, indser han, at de handlinger, han foretog, da han var i sine lidenskabers vold, udsprang af dyb/afgrunde i hans eget indre, hvorfor han må stå inde for dem - nøjagtig som om de var „Bevidstheden"s gerninger.

„Ja – naar Universet tier, da maa Dæmonerne tale", noterer Axel under sin indlæggelse (2.151). I hans tilfælde optræder de ikke kun i natlige mareridt men også, når han er vågen. Dæmonerne, der alle vil ham til livs, antager bl.a. form af abnormt store krybdyr, pygmæer og „vanvittige Gestalter og abrupte Former, Hænder med fem Øine og to Been, Hoveder med to Hænder og ingen Krop, grinende Satyrer" (2.127). Et forvredent, skrækindjagende Helvedesunivers som i Hieronymos Bosch' malerier. Uhyrerne, af hvad art de end måtte være, er udprojicerede, selvstændiggjorte manifestationer af de fortrængte, lidenskabelige natsider af Axels personlighed, som han ikke vil tage ansvaret for ("hvad jeg ikke vil af mig selv" (2.153). Efterhånden som han forstår, at dæmonerne også er en del af ham selv,

Den foroverbøjede person på den spanske maler Goyas radering er faldet i søvn og har et fælt mareridt, hvor han plages af flyvende vampyrer og ugler samt en enkelt kat med et unaturligt stirrende blik. I modsætning til Goyas drømmer forfølges Axel også i vågen tilstand af store, hoppende græshopper, som „nappede af mit udstrakte Legeme" (2.161), „oppustede Frøer med Gevær paa Skulder" og gigantiske slanger, der hvislende sniger sig ind på ham med „vellystige Øine og væmmeligt skjællede Kroppe" (2. 127). I virkelighedens verden findes disse monstrøse uhyrer ikke, men de er yderst virkelige for A- xel i hans vanvidshallucationer.

Francesco Goya: Fornuftens søvn avler uhyrerne (1797)

mindskes deres magt, og til sidst besejrer han "denne Mordergrube i Menneskets Indre, fuld af blodtørstige Dæmoner og Hyæner, derqvæle og sønderslide enhver ædel Tanke" (2.46). Kun ved at integrere de lavere drifter i hans *hele* personlighed – *den totale selvovertagelse* - kan han bekæmpe dem effektivt og søge den vej mod frelsen, som forlener hele tilværelsen med mening (så universet atter han tale). "Jeg er den jeg er; der er en Uendelighed i denne Tanke, med den falder hele Tilværelsens Byrde i et Nu paa Sjælen" (2.233), lyder en af hans allermest kierkegaard'ske formuleringer.

I forlængelse af sin selvovertagelse indser Axel *for det andet*, at han ikke i det uendelige kan balancere på en udspændt line mellem „Kjødet" og „Aanden", at han nødvendigvis *må* vælge side. Heldig-

Frans af Assisi prædiker for fugle

Frans af Assisi (1181-1226) var en dybt religiøs natur, der førte et nøjsomt liv i selvvalgt fattigdom. Han stiftede en munkeorden, franciskanerne, der forpligtede sig til at hjælpe de fattige, stifte fred og missionere. I 1228 blev han helgenkåret.

Fra 1297 til 1300 udsmykkede Giotto di Bondone og hans medarbejdere kirken Basilica di San Francesco i Assisi med 28 billeder som illustrerede Frans' liv. På det 15. af dem ser man, hvordan han forkynder Guds ord for en andægtigt lyttende fugleskare.

vis var han i modsætning til Splenham aldrig en erklæret ateist. Axel var derimod en passiv kristen, mere af vane end af overbevisning. Under sin indlæggelse har han en skelsættende vision, hvori italieneren Frans af Assissi begejstret reciterer sin lovprisning af Guds skaberværk (den indgår under titlen „Almægtig og kære Gud" som nr. 17 i Den danske Salmebog (2.265-266)), og efter sin udskrivelse drømmer han om ham, dennegang i en ørken (2.332). Begge tilsynekomster vidner om, at Axels genfødsel må blive af en kristen art, gerne henimod det asketiske og munkeagtige. Det stemmer da også overens med, at han under sine gåture i anstaltens have drages mod et krucifix med den korsfæstede Jesus: „Truende og uheldsspaaende stirrede det livløse, mørke Aasyn imod mig. Jorden brændte mig under Fødderne" (2.162, jfr. også 2.208 & 2.235). Gud afkræver ham åbenbart en genfødsel.

Hinsides afgrunden - Da „Vanvidsnatten" (2.317) er omme i maj 1826, slipper Axel ud af galehuset. Han er langt fra helbredt, men „de tunge Drømme, der havde holdt hans Sjæl fangen, vare spredte af et nyt opgaaende, aandeligt Lys; men dog var det kun de første Morgenstraaler af dette Lys, der vare faldne i hans Indre" (2.315). Det tager et års tid før hans sind er gennemlyst fuldstændig af det åndelige lys, før „Aanden" definitivt besejrer „Kjødet".

Hans svendeprøve undervejs tager endnu en gang form af en erotisk fristelse. Under sin omflakken stifter han i München bekendtskab med italieneren Francesco og hans 16-årige datter *Agnese*. I starten opfatter Axel hende som et barn, men gradvist vækker hun hans slumrende lidenskaber til live. De slår ud i flammer, da de under deres rejse mod Rom gør ophold ved Gardasøen (2.340-343). Akkompagneret af sin guitar synger hun vemodige sange om en udefinérbar længsel, og „sødtberuset" griber Axel hende i sin favn:

Han trykkede hende til sig, deres brændende Læber mødtes i et glødende Kys, de vare i et flygtigt Minut bortrevne fra Alt, Alt udenom dem selv. Men pludselig lynede det i hans Sjæl. Den gamle Magi havde vundet sin sidste Seier, og en høiere Verden sendte sit dybe Ekko ind i hans bedøvede Indre. Vildt rev han sig løs og sprang op; i hans Aasyn malede sig en skrækkelig Kamp. „Sirene!", udraabte han, „Ha! Er du sendt fra de mørke Magter for at drage mig uden Redning ned i Afgrunden? Bort fra mig! Ja, i dette Øieblik veed jeg det, jeg har glemt min Vandrings Maal i de bløde Drømme, hvori du atter har vugget min Sjæl. O, den er vaagnet, vaagnet for at søge, hvad den glemte! Den skal aldrig mere slumre.

Det er Axels sidste prøvelse, som han består. Han river sig nemlig løs fra Agnese, og i det han giver hende et broderligt farvelkys på panden, siger han definitivt farvel til sine erotiske drifter og vælger et liv i cølibat som sit nye forbillede Frans af Assisi, der nu endegyldigt har overtaget Lord Byrons plads. På stedet bryder han op og påbegynder en pilgrimsvandring mod den evige stad.

I løbet af de to måneder, der tager ham at tilbagelægge den godt 500 km. lange strækning til fods, finder han „Balancen i hans Sjæl mellem det Ideelle og Reelle", så han efter denne bodsgang ankommer til Rom i laser og pjalter som „aandelig gjenfødt" (2.351). Da „det Skumle i hans egen Sjæl var bortviftet i Livsstormen", kan han med et afklaret sind hengive han sig til „den almindelige Glæde over Livet, der holder alle enkelte Glæder i sit Skjød og gjemmer Trøst for alle Taarer" (2.353-354). Hidtil har han balanceret „paa Linie mellem Endelighed og Uendelighed" (2.225), men nu er han sluppet helskindet over denne kløft. „Uendeligheden" eller „Aanden" har sejret, han har lært „at blive Eet med Gud og igjennem ham forsone sig med Verden" (2. 372). Nu mangler Axel bare at vende tilbage til sit fædreland og udleve sin kristendom, så vil hans lykke være fuldkommen.

Tre dødsfald og en emigration – Hele tre dødsfald [1-3] og en emigration [4] skal der til, før Axel som den fortabte søn kan vende hjem. De to første dødsfald sker, mens han er indlagt, men han bliver først orienteret om dem i breve fra Vilhelm efter, at han har forladt anstalten.

[1] *Astrid* - Efter sin fars død overtager Robert Egensø og begynder at kurtisere Astrid. Hun hader ham og elsker stadig Axel, omend han er blevet vanvittig, men da hendes far presser på for, at hun skal acceptere Roberts frieri, giver hun modstræbende efter. I august 1825 står brylluppet, og den uskyldige Astrid mener hermed, at hun har „opfyldt Alt, hvad min Fader har villet? Har jeg ikke? er det Noget tilbage, saa siig det" (2.191). Hun retter spørgsmålet til sin gamle

amme, og da det går op for Astrid, hvad der skal ske på bryllups-
natten, gribes hun af en sjæleangst, der er så afgrundsdyb, at hun fo-
retrækker døden. Hvert minut, der går, bringer hende „nærmere det
Afskyelige. Og der er ingen Udgang, ingen tænkelig Mulighed! Og
ingen Medlidenhed med den qvindelige Rødme, naar dens Blomst
skal knuses ved den blege, vilde Begjærligheds Bryst". Da hun står
foran bryllupssengen, udbryder hun afmægtigt: „Himmel, slyng dog
dit Lyn i dette Leie, hvor Livets Helligdom skal vanhelliges". Et lyn
sender Vorherre ikke, men Astrid kommer halvt bevidst, halvt ube-
vidst til at sætte ild til sengen. Hun dør i den brand, der opstår, og
ender således „som et Offer for dem fæiske Raahed, der kobler
Hjerter sammen som Jagthunde og kaster Reenheden i Vellystens o-
vermættede Svælg" (2.193-194). Men sin uskyld bevarer hun da.
Jomfruren går hun i døden.

[2] *Robert* – Robert rivaliserede i sin tid med kunstmaleren Edvard
om Natalies gunst. Han dukker nu op på Egensø efter, at han er ble-
vet sindssyg i sin resultatløse jagt på den idé, der kan forklare hele
tilværelsen. Optændt af jalousi kvæler han sin rival (2.313-314):
„den Vanvittige [Edvard] fik sin Haand om Roberts Strube og snøre-
de den til med en saadan Styrke, at Tungen krøb ud af Munden, og
Øinene traadte frem af Hulerne. Robert var et Lig". Målbevidst sæt-
ter Edvard sig overskrævs på sit offer og fremdrager en kniv i den
hensigt at skære hjertet ud af brystet på ham. Foretagendet mislyk-
kes, da Roberts tjener dukker op.

[3] *Natalie* – I sin Københavnertid var Axel lidenskabeligt forel-
sket i Natalie og ville nærmest gå i døden for hende, da de genses i
Rom er hun omvendt forelsket i ham, mens han er kommet videre i
sit liv. Da hun indser, at hun for altid har forpasset sin chance, og da
hun fejlagtigt tror, at han er forelsket i Agnese, som også har bosat
sig i Rom, begår hun selvmord for øjnene af ham. Mens han på hen-
des opfordring læser tredje akt af Lord Byrons digt *Manfred* (1817)
højt for hende, tømmer hun i „et fast Drag" et glas med „melkehvid
Saft", dvs. gift (2.391).

[4] *En emigration* – Efter at Axel har opholdt sig en rum tid i Rom, modtager han et brev fra Vilhelm med nogle overraskende informationer, som forandrer alt. Uden at Axel vidste det, fik Angelique i sin tid en søn med ham. I 1827 bliver hun gift og påtænker at følge sin mand til Amerika. Hun agter at tage sønnen med sig, med mindre Axel vil påtage sig ansvaret for ham? Og det ønsker han selvfølelig. Ja, den lille dreng bliver for Axel en kærkommen lejlighed til at bryde op fra den evige stad og returnere til sit fædreland.

Dødsfaldene og emigrationen gør tilsammen, at Kofoed-Hansen kan få den slutning på sin roman, som han ønsker: Astrid må dø, så hun ikke længere kan friste ham som en ægteskabsmulighed, Robert må dø, så Axel kan blive den retmæssige ejer af Egensø, Natalie må dø, så hun ikke længere kan pirre hans drifter, og Angelique må emigrere uden frugten af hendes og Axels elskov, så han får en fuldgyldig grund til at vende hjem.

En amputeret hjemkomst? - *Kjød og Aand* "beskjæftiger sig med Sandselighedens Forvildelser", "Lidenskabernes vilde Rasen" og de "Fænomener af mental Forvirring", de fremkalder. Efter "at de dæmoniske Magter have krævet deres Ofre", slutter bogen lykkeligt, idet handlingen "udtoner i en højere ro, vunden som Livsresultat gjennem, haarde Kampe" (Hansen/490). Denne skitseagtige beskrivelse af romanens "handling", er meget rigtig, omend Hansen ikke problematiserer den ret specielle "højere ro", den munder ud i.

Axels dannelseshistorie bygger på den grundpræmis, at vi ikke blot er en tavle, hvorpå man kan skrive hvad som helst (Splenhams standpunkt). Gud har en idé med hvert enkelt menneskes liv, og livsopgaven består i at finde frem til og udleve denne idé. Vejen dertil kan være lang, besværlig og angstfyldt. Under sin indlæggelse erkender Axel, „at saa længe den Idee, jeg siden har været saa lykkelig at gribe, laa ubevidst i mig, maatte den rumstere i mig som Jordskælvsstoffet i Jordens Indre, og drive mig til mange uheldssvangre Handlinger" (2.248). At ideen ikke drukner i tilværelsens malstrøm, skyldes bl.a. skytsånder i form af gode mennesker, der leder ham på rette vej. Med stor taknemlighed og selvindsigt skriver den genfødte Axel til Vilhelm (2.356):

Men jeg har den Tro, at hvad der har udviklet sig hos mig, laa som en Spire i min Sjæl, inden jeg drog hjemmefra. Min Moder havde nedlagt det der, du forhindrede, at det qvaltes, og Astrid vækkede det, da det slumrede ubevidst.

Selv i sine æstetiske ungdomsdage nærer Axel en hemmelig længsel mod "et Stadium, hvor Aanden ikke længer skal trælle i Legemets Tjeneste" (2.40). Ydre blændværk i form af dårlige venner (Splenham), lidenskabelige kvinder (Angelique, Natalie) og forkerte forbilleder (Lord Byron) spærrer ham vejen til det evige, han tager "det E-vige forfængeligt i det Timelige" (2.236) i stedet for "at glemme Endeligheden i Uendeligheden og igjennem denne til enhver Tid have hiin hundredefoldig igjen" (2.222). Først efter megen sjælenød besinder Axel sig og renoncerer på "Kjødet". Den æstetiske foragt for den ægteskabelige kærlighed, han har som helt ung, bliver efter hans genfødsel erstattet af en religiøs begrundet fornægtelse af alt sanseligt - "Naar det Sandselige falder bort, da først stiger Væsenet frem i sin evige Skjønhed" (2.327) - hvilket gør, at han kun kan realisere det almene delvist.

Kjød og Aand slutter med disse ord (2.394): „Faa Dage efter [Natalies død] forlod Axel Rom for at reise tilbage til Danmark. Agnese fulgte ham til sit Fædrelands [Italiens] Grændser, hvor de skiltes for aldrig mere at mødes i denne Verden". Havde Kofoed-Hansen fulgt drejebogen for dannelsesromaner, burde hun have fulgt ham til Egensø, hvor de kunne være blevet gift og stiftet familie. Det sker ikke, fordi han har bandlyst enhver form for fysisk intimitet mellem mand og kvinde.

Den åndelige genfødsel, han gennemgår under sin pilgrimsvandring til Rom, har ellers ført ham frem til den opfattelse, at sand kristendom ikke forudsætter absolut forsagelse (2.352-353):

Thi kun aandelig Vanmagt kan troe, at nogen Egn af Livet skulde være lukket, eller nogen Glæde og Nydelse utilgjængelig for den aandelig Gjen-fødte. [..] Det er det uendeligt Store i Christendommen, at den kan bemægtige sig hele Livets Indhold, og det er det uendeligt Ophøiede ved den, at den altid giver sin Tilbeder Magt til paa en eller anden Maade at bemægtige sig det og nyde det.

I modstrid hermed frasiger Axel sig alligevel „Kjødet" og dets fristelser. Mange vil ellers mene, at kærligheden mellem mand og kvinde er en væsentlig, ja måske endda den væsentligste del af „Livets Indhold". Men den mulighed afskærer han sig altså fra ved at bliver en helhjertet Frans af Assisi-apologet.

Den hjemvendte Axel ender med andre ord som en halv etiker og en halv munk. Et arbejde/et kald og et ægteskab/et familieliv er hovedhjørnestenene i enhver etikers liv. Axel opfylder det første kriterium fuldt ud: Ved at overtage driften af Egensø med alle de trivielle arbejdsopgaver, det medfører (jfr. 1.226f.), bliver han med Vilhelms ord „et nyttigt Medlem af Samfundet" (2.356). Hvad siger ikke den Jean Paul, som Kofoed-Hansen skyldte det halve af sit pseudonym (Simonsson/Glente (udg.): *Livskunstens almanak*, 2006, s. 116): „Et alvorligt virke forsoner os altid til sidst med livet". Derimod opfylder Axel som enlig far kun delvist det andet kriterium. Det er prisværdigt og forståeligt, at han påtager sig ansvaret for opfostringen af sin søn, som er resultatet af en fysisk kærlighed, han for altid har lagt bag sig. Han har kun dens aflejring og ikke elskoven selv tilbage, hvorved Kofoed-Hansen behændigt får sin romanhelt integreret i samfundet uden at smede ham i Hymens lænker.

I parentes bemærket kan man undre sig over, at Axel øjensynlig agter at tilbringe evigheden som slags Paradisbigamist! Da han i slutningen af første del tager afsked med Astrid, deklamerer han „Vi skulle sees; vi ville ikke skilles", hvortil hun svarer „Ja, vi skulle sees [..] I Himlen skulle vi sees" (1.444). Da han i slutningen af anden del rejser hjem til Danmark, hedder det, at Agnese og han ved Italiens grænse „skiltes for aldrig mere at mødes i denne Verden" (2.

394). Underforstået: De skal genses i den næste. Hele to „rene" kvinder vil Alex blive genforenet med i Paradis, men det gør nok heller ikke så meget i det køns- og sexfrie efterliv hisset, hvor der nok „kun" findes sjælelige fællesskaber.

Filosoffen og digteren: Kierkegaard og Kofoed-Hansen – Werner Thierry har udnævnt Søren Kierkegaard til at være "de danske intellektuelles allestedsnærværende yndlingsnisse" (*Den fornuftige filosof*, 2000, s. 40). Rigtigt er det, at nissen i tide og utide bliver samstillet med alle mulige forfattere fra alverdens lande. In casu Kofoed-Hansen var inspirationen fra vor store filosof imidlertid så åbenlys og vedkendt af forfatteren selv, at det ville være unaturligt at forbigå den.

Søren Kierkegaard tegnet af H.P. Hansen omkring 1855.

Den 5. maj og den 15. maj 1813. Med kun 10 dages mellemrum kom først Kierkegaard og derefter Kofoed-Hansen til verden. De voksede op i den samme kulturkreds, læste begge teologi og havde i en vis udstrækning det samme kristne grundsyn på tilværelsen. To åndsfæller.

Mellem de to første Jean Pierre-bøger og den tredje indtraf en revolution i dansk åndsliv. Kierkegaard udgav i februar 1843 sit første hovedværk *Enten-Eller*. Kofoed-Hansen blev så opslugt af denne bog, at han beredvilligt slog til, da historikeren Casper Paludan-Müller opfordrede ham til at anmelde den. Det grundige arbejde med recensionen tvang Kofoed-Hansen til at tage sit livssyn op på ny, hvilket tydeligt spores i *Kjød og Aand*, der var stærkt inspireret ikke alene af *Enten-Eller* men også af Kierkegaards efterfølgende bøger. Han forblev livet igennem Kofoed-Hansens store forbillede, inspirationskilde og anstødssten. "H.P. Kofoed-Hansen [..] må betegnes som udpræget Kierkegaard-epigon. Ikke mere, ikke mindre. [..] Kofoed-Hansen var ingen Kierkegaard, selv om han gjorde sit bedste for at nå op til forbilledet." Sådan skrev Mogens Poulsen lige lovlig unuanceret og noget nedladende (34). Det var dog ikke uden grund, at han medregnede Kofoed-Hansen blandt sine *Kierkegaardske skæbner.*

Kierkegaard blev glad for Kofoed-Hansens udførlige og meget positive anmeldelse (trykt i *For Litteratur og Kritik* bd. 1, 1843, s. 377-405, jfr. Pap IV B59), så da *Kjød og Aand* udkom, overvejede han at anmelde bogen: "Det [havde] jo i en vis [Forstand] kun været Gjengeld, Lige for Lige" (Niels Thulstrup (udg.): *Breve og Aktstykker vedrørende Søren Kierkegaard bd. I*, 1953, s. 158). Citatet stammer fra et udkast til et brev til Kofoed-Hansen, dateret april 1846, som vistnok aldrig blev færdigskrevet og afsendt. Kierkegaard fik i hvert fald aldrig skrevet anmeldelsen, men han nærede en stor sympati for Kofoed-Hansen.

Kjød og Aand er den Jean Pierre-bog, hvor inspirationen fra Kierkegaard er mest tydelig.

Lad os starte med titelbladene → *Enten-Eller* kaldte Kierkegaard sin bog, og han lancerede hermed på et *abstrakt* plan et uforeneligt modsætningspar, som gjorde valgets øjeblik til menneskets adelsmærke. Med titlen *Kjød og Aand, eller de to Veie* gik Kofoed-Hansen et skridt videre og gav modsætningsparret *konkret* realitet: Kød *eller* ånd! Også hos ham er valgets øjeblik uendeligt dyrebart. Begge forfattere brugte bevidst entalsformen: Kierkegaards bog bar undertitlen „Et Livs-Fragment", Kofoed-Hansens „En Sjælehistorie". Endelig formummede Kierkegaard sig bag udgiveren Victor Eremita, mens Kofoed-Hansen maskerede sig bag Jean Pierre.

Lad os fortsætte med indholdsfortegnelserne → Første bind af *Enten-Eller*, der er skrevet af æstetikeren A, omfatter en gruppe strøtanker (diapsalmata), tre taler holdt i en forening af medafdøde, en teateranmeldelse, en essayistisk klogskabslære og en dagbog (ført af Johannes Forføreren), andet bind, der er skrevet af etikeren B, omfatter tre breve (i det sidste indgår en prædiken udarbejdet af en vestjysk præst). Første bind af *Kjød og Aand* rummer passager skrevet af en alvidende fortæller, adskillige breve og mange dagbogsoptegnelser, andet bind rummer passager skrevet af en alvidende fortæller samt dagbogsnotater (jfr. skemaet på side 54). Begge forfattere eksperimenterede således på livet løs med forskellige teksttyper og fortællerstemmer.

Lad os slutte med indholdet → Går vi til bøgernes indhold, springer det straks i øjnene, at Kierkegaard stiller to mennesker/livsanskuelsesrepræsentanter op overfor hinanden: A og B (alias assessor Vilhelm). Det samme gør Kofoed-Hansen med Axel og doktor Vilhelm. Og ligesom assessoren er As gode ven og åndelige vejleder, er doktoren Axels ældste ven og opdrager. Kierkegaard lader A og B forfatte hver deres del af hans to binds værk, hvorimod Kofoed-Hansen lader Axel forblive hovedpersonen i begge dele, mens Vilhelm „blot" er en vigtig biperson.

I modsætning til A, der forbliver en æstetiker, udvikler Axel sig fra en æstetiker til halv etiker: Han realiserer delvist det almene (= kald og kone), idet han påtager sig et job og faderrollen uden dog nogensinde at ville gifte sig Denne særegne, underligt amputerede slutning, hvor Axel ender som en krydsning mellem en fuldblods etiker og en munkeagtig mystiker, skyldes måske, at Kofoed-Hansen i den periode, hvor han undfangede romanen (1843-1845), var stærkt optaget af Kierkegaards skrifter om religiøse undtagelser. Havde Kofoed-Hansen skrevet bogen på et senere tidspunkt i sit liv, hvor han dels havde fået et mildere syn på kristendommens fordringer, og dels var blevet gift og på sin egen krop havde erfaret ægteskabets og familielivets lyksaligheder, var Agnese måske rejst med Axel til Danmark og var blevet hans hustru og mor til hans børn. Hvem ved?

Flere af Kofoed-Hansens bipersoner giver mindelser til *Enten-Eller*. Splenham, der nærmest synes at være legemliggørelsen af den "Vexel-Drift", A lovpriser, overgår således om muligt Kierkegaards Johannes Forføreren i sjælelig kynisme og misbrug af kvinder. Den jomfruelige Astrid finder sit sidestykke i Johannes Forførerens offer Cordelia. Den jordbundne Weinlich leder uvægerligt tanken hen på de åndløse spidsborgere, som Kierkegaards A gør sig lystig over.

Axels dagbogoptegnelser er inspireret af og åndsbeslægtede med Kierkegaards „Diapsalmata". Mange af Axels livstrætte refleksioner har en sådan kvalitet og umiddelbar gennemslagskraft, at de i dag ville være verdensberømte, hvis de havde stået i *Enten-Eller*. Så havde man citeret dem vidt og bredt gennem de sidste 180 år. Nu står Axels udgydelser i en glemt bog og er derfor i sagens natur også glemte. Med deres kredsen omkring dæmoni, angst, fortvivlelse, livstræthed mv. virker dagbogsnotaterne også inspireret af Kierkegaards *Begrebet Angest*, der udkom i juni 1844 - ét år før Kofoed-Hansen færdigskrev *Kjød og Aand* (jfr. J/249 og fremefter). Ifølge Kierkegaard er et menneskes selvovertagelse typisk ledsaget af en genstandsløs angst, der udspringer af frihedens mulighed, som han i lighed med Kofoed-Hansen omtaler som en afgrund. At man først bliver sig selv, når man træder i eksistens og tager ansvaret for sit eget liv uden at skyde skylden på en uretfærdig skæbne eller lignende, er en grundtanke både hos Kierkegaard og Kofoed-Hansen. I *Enten-Eller* skrev Kierkegaard ubegribeligt smukt om valgets øjeblik, i *Kjød og Aand* er dette valg udspændt over nogle år og omfatter afsnit 5, 6 og 7.

Spredt rundt omkring i *Kjød og Aand* dryssede Kofoed-Hansen med gavmild hånd referencer til Kierkegaard. Splenham taler således begejstret om at "spille Bold med Phænomenerne" (1.115), og dette udtryksfulde billede er direkte tyvstjålet fra Kierkegaards A (SV 2.271) „Naar man saaledes har perfektioneret sig i den Kunst at glemme og den Kunst at erindre, saa er man istand til at spille Fjæderbold med hele Tilværelsen". Natalie vender som voksen forgæves tilbage til Rom (2.364): „Hun havde søgt en Gjentagelse uden at eie det indre Liv, der alene kan taale en Gjentagelse". En henvisning til Kierkegaards *Gjentagelsen* (1843), der netop hander om gentagelsens umulighed. Axel når ultimativt til den erkendelse, „at Sjælens Vei til Frelsen ikke er en møisommelig Opstigen ad Tankens Trappe, men en Vandring gjennem Labyrinther til en Himmelflugt mod Gud i Frygt og Bæven" (2.349). Dette kernested refererer til Kierkegaards *Frygt og Bæven* (1843), der handler om at tro i kraft af det absurde. Hans påstand om, at man ikke kan approximere sig ind i kristendommen men må foretage et spring ud på de 70.000 favne vand, bliver i Kofoed-Hansens billedsprog til „en Himmelflugt".

Som det ovenstående viser, er *Kjød og Aand* i hele sit anlæg stærkt inspireret af Kierkegaards eksistensfilosofi, som han udfoldede den i årene 1843-1845. Ja, sat på spidsen kan man måske ligefrem sige, at *Kjød og Aand* langt hen ad vejen er en fiktionalisering af *Enten-Eller*. De abstrakte begreber, filosoffen Kierkegaard udviklede, gav digteren Kofoed-Hansen kød og blod. På trods af denne tydelige påvirkning er *Kjød og Aand* dog samtidig et forunderligt rigt og imponerende kunstværk, som absolut hviler i sig selv. Med stor psykologisk indsigt og indlevelsesevne beskriver Kofoed-Hansen et ejendommeligt menneskes dannelseshistorie i hans afgørende ungdomsår. Den måde, hvorpå Axels amorøse og livsanskuelsesmæssige udvikling kører parløb bogen igennem, styrer Kofoed-Hansen med sikker hånd. Når dertil kommer, at hovedpersonens „eventyrlige Vandring" (2.345) er garneret med et sandt overflødighedshorn af tidstypiske og interessante bifigurer, gør det altsammen *Kjød og Aand* til en stor og sjælden læseoplevelse.

5. LIVSLÆNKER (1875)

Kan en synd nedarves igennem flere generationer? Om dette spørgsmål af nærmest gammeltestamentlige dimensioner handler *Livslænker* (1875). Degeneration var et yndet motiv blandt de forfattere, der kom efter Georg Brandes. Herman Bang gav f.eks. sin første roman titlen *Haabløse Slægter* (1880), mens Gustav Wied kaldte to af sine sammenhængende romaner hhv. *Slægten* (1898) og *Fædrene æde Druer* - (1908). Forsættelsen til den sidste titel lyder: "og Børnenes Tænder bliver sure". Det var dog ikke degeneration i biologisk forstand, der interesserede Kofoed-Hansen. Ej heller fokuserede han på arvesynden, som vi alle er fælles om efter Adams syndefald i Paradis. Nej, *Livslænker* handler om én specifik synd, som én generation gør sig skyldig i, og som de efterfølgende nødvendigvis må forholde sig til, uanset om de vil det eller ej. Skal de tage synden på sig ud fra den tankegang, at ethvert anstændigt menneske er forpligtet på forfædrenes handlinger, eller skal de stå stejlt på, at de er autonome individer, der udelukkende står til ansvar for egne gerninger?

Livslænker falder i tre afdelinger med et gennemgående persongalleri, og romanen er så sindrigt opbygget, at relationerne mellem individerne først afsløres ved bogens slutning.

♦ *Den første afdeling* (1-106): Bogens navnløse fortæller beretter om sit bekendtskab med en sorgfuld kvinde.

♦ *Den anden afdeling* (107-396): Kvinden følte sig sjæleforbundet med en afdød mand, hvis erindringer optager hele denne afdeling, som udgør ca. 70 % af romanen.

♦ *Den tredje afdeling* (397-438): Kvinden afslører omsider sin grufulde hemmelighed for fortælleren.

"Hemmelighedens Trylleri" - Ved romanens start befinder vi os i Paris i december 1839, hvor fortælleren entrer en tøjbutik for at købe et par handsker (2-7). Mens han venter på at blive ekspederet, strejfer hans blik en kvinde, "hvis Udseende i høi Grad vakte min Opmærksomhed. Et marmorblegt, ovalt Ansigt; det saae ud, som kunde Gravlugten havde berøvet det Farven". Den hvidklædte kvinde, der hedder Lucile Duglaive, kigger også på ham: "hvilket Blik laa der i disse Øine; det var som skuede de fra en anden Verden og vilde paa een Gang trænge igjennem min Sjæl". Beklemt vender hun hovedet den anden vej, og så ser hun til sin skræk en mand, friherre Gyllensvärd fra Sverige, der "stirrer paa hende med et Udtryk af Forfærdelse". Skyndsomt forlader han butikken, mens Duglaive synker sammen i fortællerens arme besvimet af sindsbevægelse.

Eftersom han er læge, hjælper han hende og opdager, at hendes hår allerede er sølvhvidt på trods af hendes unge alder. Hun har åbenlyst haft store sorger i sit liv, som måske har noget at gøre med den mystiske herre i butikken? Fortælleren aner en mulig tragedie, og hans mistanke bestyrkes yderligere, da han nogle dage senere erfarer, at Gyllensvärd efter butiksrendevouz'et skød sig selv. Skyldes hans selvmord „den marmorblege Skjønhed, min mystiske Ubekjendte" (16)?

Tre mennesker går "tilfældigt" ind i den samme butik på det samme tidspunkt, hvor de udveksler sigende blikke. Og hermed er historien sat i gang. I modsætning til fysiognomerne, der bruger menneskers ansigtstræk som en indfaldsport til deres indre jeg, mener fortælleren, at "Sjælen gennem Øiet aabenbarer sit Indhold" (41). Og Duglaive har som "en Fremmed i Verden" set på ham helt nede fra „Jammerens Dyb", og derfor drages han mod hende ikke af kærlighed men af „en uendelig Medlidenhed" (10-11). Uforvarende er han blevet et førstehåndsvidne til en gåde, et mysterium, som han for enhver pris må løse (10-11):

Deres [Gyllensvärds og Duglaives] Blik fængsler med Hemmelighedens Trylleri. Selv den Egenkjærlige har en Fornemmelse af det Betydningsfulde i at tilegne sig en Menneskesjæl ved at blive deelagtig i dens Indhold, af det herlige i at erholde Meddelelser fra en Personlighed, der af Skjæbnen er sænket ned i de Dybder af Tilværelsen, hvor Livets Gaade vistnok ikke løses, men hvor Sjælen finder sig selv ligeoverfor Universets

Aand i Søgen efter sin Grund og fatter, at til dens Væsen hører en uaf-viselig Begjæring, Spørgsmaalet om det Ord, der forklarer Liv og Død, Tid og Evighed.

"Hisset vil jeg leve" - I flere måneder tilser fortælleren Dugliave, og hvad der starter som en professionel læge/patient-relation udvikler sig hen ad vejen til et venskab, hvor han gradvist vinder hendes for-trolighed. De er, med hendes ord, "Tourister paa Livets Reise, og naar vi engang skilles, sees vi ikke mere" (82-83).

Som så mange andre af Kofoed-Hansens romanpersoner er Dugli-ave indfanget i en traumatisk fortid, som har gjort hende hjemløs i nutiden. Hun mindes, hun husker, hun erindrer ... og imens går livet hende forbi. Hendes fortid rummer dels en grufuld hemmelighed koncentreret omkring et ulykkeligt ægteskab og dels en guddomme-lig kærlighedslykke efterfulgt af en bundløs sorg. Dette dobbeltslag af skæbnen har tvunget hende i eksil: „Livets Rædsler, naar de er gjennemgaaede, Skjæbnens Slag, naar den har knust Lykken, Smer-tens Bæger, naar det er tømt, bliver altsammen til en Mur om Sjæ-len". Forskanset bag muren skuer hun med ringeagt ud på „de smaa Sjæle, der blive sig selv vigtige under det trivielle Livs daglige Byr-der", mens hun selv føler sig som de "stolte Skikkelser" i de gamle, nordiske sagn, der „svøbte i Fortvivlelsen levede af den, aandede i den som den Luft, der stemte med Deres eget Væsen" (45).

Nutiden har tabt enhver betydning og mening for hende. Hun har kun ét mål, én bestræbelse, at dø hurtigst muligt, så hun kan blive genforenet med sin afdøde sjælefælle. Monomant kredser hun om døden i sine samtaler med fortælleren (30): „Mit Liv og min Tilvæ-relse løber hen som under en Baldachin, hvis Beklædning er et Lig-lagen". Hun påstår, at hun allerede har været død og nu lever for an-den gang ... muligvis som et genfærd! Så selvom hun er inderlig træt af sin glædesløse tilværelse, er hun omvendt også angst for at dø. Eller rettere sagt hun frygter at ende som en skindød og vågne op til et tredje, uudholdeligt liv (29): "Jeg vil gjerne døe, naar det kun kan skee ret grundigt". Derfor afkræver hun fortælleren det løfte, "at jeg virkelig døer, at Livet ikke bliver i det skjulte. Hører De? Hisset vil jeg leve. Der er den, der venter mig i Guds Paradiis. Jeg længes kun" (37).

Den, der venter hendes hisset, er en stor og enestående mand, kunstmaleren Alessandro (kaldet Sandro), hvis fornemste karaktertræk var, at han havde „Medfølelse med enhver lidende Skabning" (59) og brugte sit liv på at hjælpe andre og dyrke sin kunst.

Deres første møde var et klassisk tilfælde af *damsel in distress* (64-69). Hun var alene på en idyllisk spadseretur i Sabatinerbjergene i Italien i 1836, da en hensynsløs bandit pludselig dukkede op og i utvetydelig vendinger erklærede, at han først ville voldtage hende og derefter stjæle hendes ejendele. Situationen var fortvivlende, thi „hvad formaaer en Qvinde mod en ved et vildt og raat Liv hærdet Mand". Da skurken greb hende fast og krævende om livet, følte hun "Rædsel og Væmmelse". Men netop som hun var ved at forgå i angst for at lide en skæbne "værre end Døden" (88), tonede Sandro pludselig frem på scenen som en frelsende engel. Heltemodigt besejrede han den vellystige røver, som slukøret luskede bort. Sandro var kun glad for at være den rette mand på det rette sted - „der gives intet Tilfælde i Livet" - og hun var på sin side taknemlig for „Styrelsens Barmhjertighed".

Bekendtskabet med Sandro, der var selve indbegrebet af "Sjælens Adel og Aandens Rigdom", gjorde, at Dugliave følte sig "gjenfødt under Kjerlighedens Himmel" (70-71). Hun understreger over for fortælleren, at hendes forhold til Sandro „var reent og helligt, reent som Orangens nyudsprungne Blomsterblad", og byggede på „en gjensidig Sjælesympathie, der vilde kæmpe med Alverden for en salig Forening" (63). Men selv om deres kærlighed "kun" var af den platoniske art, var den alligevel ægte og livsforandrende for dem begge (81):

Tag Kjerligheden ud af Livet, saa er Livets Vandring som den Vildfarendes i Ørkenens Sahara. [..] Kjerligheden er Sjælens Livsluft, den Luft, i hvilken den først kjender sig født for Evigheden. [..] naar Kjerligheden er ægte, naar den er gjensidig, leger Saligheden selv i dens Smerter, dens Lidelser.

Ét lykkeligt år fik de sammen, så blev Sandro dræbt under kolera-epidemien i Rom i sommeren 1837. En gruppe rasende italienere mente fejlagtigt, at han havde blandet gift i et brød, han ville forære en sultende pige, hvorfor de kastede sig over ham og mishandlede ham så grusomt, at han døde af sine sår. Et meningsløst drab set fra enhver tænkelig synsvinkel. Mordet gør fortælleren forfærdet over

den dæmoniske Magt, der lurer i Menneskenaturen [..] Saaledes lønnede Folket en Mand, der [..] kun havde Velvillie og Godhed for hvert Menneske. En besyndelig mørk Skjæbne synes at hvile over enkelte Mennesker, fra hvilken ingen Sjælsadel frier dem (103).

Efter Sandros død forlod Dugliave Italien og slog sig ned i Paris, hvor hun håbede at finde „Traaden, ad hvilken jeg kan spinde mit Liv til Ende" (104). Ja, måske kan fortælleren ligefrem hjælpe hende med at finde den, måske kan han redde hende ud af den labyrint, hun er indfanget i (58):

Det er heller ikke nok, Doktor, at De vikler mig ud af Labyrinthen. De maa angive mig Maalet, hvorefter jeg skal gaae. Men det maa være et saadant, der stiller mig mellem Begivenheder, larmende nok til at overdøve Røsterne i mit Indre, eller mellem Phænomener, der kunde tale til mig og haanligt spørge: kan Du endnu erindre Dine egne Kaar eller tænke paa Dine egne Lidelser?

Dugliaves konstante trøst igennem alle lidelser var hendes tro. Selv når højdramatiske begivenheder bragte hende til "Randen af Vanviddets Afgrund", faldt hun alligevel aldrig ned i den, fordi hun aldrig mistede troen på, at Gud "engang vil lade et Lys falde ogsaa over mit Livs Mørke" (101). Han er så at sige garanten for, at hendes og hele menneskehedens lidelser ikke er meningsløse. Og forklaringen vil komme, når vi alle indlemmes i de evige haller. Derfor længes hun inderligt efter Paradisgensynet med Sandro, hvor de vil blive genforenet for evigt i aseksuelt sjælefællesskab (59):

Thi mit Liv er kun en Erindring om ham, en Længsel efter ham, et Haab om at møde ham engang hisset, hvor Forklaring skal gives os over det Skjæbnens Aag, der hvilede tungt paa os begge og reiste imellem os en uoverstigelig Skranke.

Netop fordi Gud er hendes faste holdepunkt, forfærdes hun, når der stilles spørgsmålstegn ved hans eksistens. En dag, da fortælleren besøger hende, er hun således meget oprørt, fordi hun er ved at læse en bog om, „hvilken Ulykke og Fortræd Troen på Gud og Udødelighed havde afstedkommet i Verden". Grufuldt *hvis* den ateistiske forfatter har ret (55):

Man bærer for Intet denne Tilværelses Byrde, og der er ingen Forklaring – ingen. [..] Og mine Suk og mine Timer af bitter Sorg og mit Livs Rædsel og mine Skuffelser med min Sjæls tunge Strid under dem, der er altsammen kun Skumbobler, der veires hen af Vinden og er glemt med mit sidste Aandedræt, det Sidste.

Fortælleren advarer hende indtrængende - hun er jo slet ikke „stærk nok til at taale slig Lekture" - men heldigvis er hendes tro på Gud så klippefast, at ingen eller intet kan antaste den.

Løftet som bandt – Når Sandros og Dugliaves aseksuelle forhold ikke kunne udvikle sig til et "normalt" parforhold i form af ægteskab og familiestiftelse, skyldtes det, at de begge var lagt i lænker. Hans blotlægges i bogens anden afdeling, hendes i den tredje.

Sandros erindringer, som han nedskrev for at forklare sig overfor Dugliave, starter med nogle betragtninger over det bølgeslag i sjælen - „Selvbevidsthedens Brændpunkt" - der defintivt skiller individet fra dets omverden og markerer personlighedens genesis. For hans vedkommende skete det tidligt (101): „Jeg var otte Aar, da Bølgeslaget i min Sjæl begyndte, og jeg kendte mig selv i Verden som den Fremmede. Min første Selvfølelse var en Undren, en Grublen over min Tilværelse, Meningen med mig".

Han var et uægte barn: Moderen Alexandra, "en høibaaren Dame" (148) fra Pisa, døde i barselssengen under hans fødsel, faderen var

en fattig musiker med udpræget kvindetække (måske stærkt inspire-
ret af Weyse, som Kofoed-Hansen logerede hos, da han læste ved
Københavns undersitet, jfr. Andersen/708). Sandro blev opfostret
hos plejeforældre i Italien, men da han var 12 år gammel, blev han
genforenet med sin far, som på det tidspunkt var blevet en ret velstå-
ende musiklærer i København. Da Sandro havde et stort talent for at
tegne, sørgede faderen for, at han kom ind på akademiet, hvor han
høstede stor anerkendelse især som landskabsmaler.

Udlængselssyg rejste han som 22-årig til Norge, hvor han malede
„et stort Billede, der forestillede en Jægers Kamp mod en saaret
Bjørn i en vild, vinterklædt Klippeegn" (118). Et fejende flot table-
au, hvor bjørnen *kan* opfattes som et sindbillede på de mørke dæmo-
niske kræfter i hans sind, som han måtte bekæmpe med livet som
indsats - uden dog at kunne forklare deres karakter eller oprindelse.

En optakt til en forklaring kom, da han, faderen og to gæster en
aften diskuterede, hvorvidt børn kan stilles til ansvar for deres foræl-
dres gerninger? „Fædrenes Synd skal nedarves paa Børnene" (135),
deklamerede faderen med bibelsk patos og en henvising til Shake-
speares tragedie *Richard den Tredje*. Sandro gav ham ret (136):

Er det virkelig en Livets Lov, saa maa man underkaste sig den som enhver
anden Nødvendighed, Skjæbnen paalægger os. Men der maatte saavel og-
saa tænkes at være en forsonende Kraft i den Lidelse eller Ulykke, som en
Slægt bærer for en tidligeres Skyld, forudsat at den bæres i Selvfornæg-
telse eller Taalmod. [..] En Søn skal kunne bære sin Faders Brøde og lide
for hans Skyld.

En af gæsterne bestred dette synspunkt (145): „den synes mig lige-
frem at stride imod Troen paa en retfærdig Verdensstyrelse. Jeg har
aldrig kunnet see nogen Mening deri, nogen sund Opfattelse af Li-
vets Kaar". Sandros far fastholdt, at forestillingen om, at synderne
nedarves, var „Livets Lov", men tilføjede samtidig, at den kun gav
mening „under Forudsætning af en Fortsættelse af Menneskelivet ud
over denne Tilværelse, udover Død og Grav". Ifølge ham pegede
„den uomtvistelige Kjendsgerning, at Fædrenes Synd hjemsøges paa

Børnene i tredie og fjerde Led [..] paa en Forklaring, som først en anden Verden skal give" (145).

Efter dette tilløb fulgte *den fulde forklaring*, da hans far lå for døden. Hidtil havde Sandro ikke kendt til „de urene Rørelser, der gaaer som en Pest gjennem Samfundets Ungdom", og på sit dødsleje aftvang hans far ham et højtideligt løfte om, at han aldrig ville indlade sig med det modsatte køn hverken uden for eller inden for ægteskabets rammer (157):

Du skal ikke mene, at Lovlighedens Mærke, Kirkens Stempel, kan vise Dig en Udvei. Skylden er ikke sonet, Ansvaret er mit. [..] Du skal være reen. Den Strøm af Liv, der fylder mine Aarer, den maa løbe ud i Dig. Det er heller ikke enhver Flod, der naaer Havet.

I henført ekstase lovede Sandro det - „Jeg vil Alt, hvad Du vil" - og faderen udåndede med ordene: „Ingen Ret - Bøn – Bøn – Bøn – Alexandra" (158-159). I denne skæbnestund hørte Sandro for første gang navnet på sin mor, som han var opkaldt efter (hans fornavn var Alex).

Da chokket oven på faderens død havde lagt sig, begyndte Sandro for alvor at føle "Vægten af den Lænke, der var lagt om mit Liv" (160). Det løfte, han havde afgivet, havde afskåret ham fra at forelske sig i og leve sammen med en kvinde, han var ensomhedsdømt på livstid uden mulighed for benådning. Livstråden *måtte* afskæres én gang for alle. Kun således kunne synden (faderens illegitime forhold til Alexandra) sones. Som en kompensation malede Sandro

en Qvinde hvilende paa en Divan og udstyret med alle en yppig Skjønheds Tillokkelser, omslynget af et halvtgjennemsigtigt Gevandt og omgivet af Blomster; med et mat hensmeltende Udtryk i sin hele Skikkelse laa hun skjødesløst henstrakt med Blikket vendt mod Betragteren, et Blik, som man kun finder det enten i Virkeligheden hos en af Lidenskaben opflammet Qvinde, eller gjengivet paa Lærredet af en Kunstners Pensel, i hvis Væsen Dæmonerne drive deres Væsen (162-163).

Bjørnen blev erstattet af en *femme fatale*. Tydeligvis fungerede kunsten som sublimeret seksualdrift for den kastrerede - omend ikke i fysisk forstand! I afmægtig raseri skar han efter nogen tid maleriet i småstykker, som han brændte … sammen med sin libido. Han havde besluttet sig for at holde sit løfte, som skreg imod alle hans krops naturlige instinkter.

To sjæle i flammer - Sandro flygtede fra Danmark og begyndte et årelangt omstrejferliv, hvor hans ry som maler voksede samtidig med, at han følte sig som en hjemløs i verden (165 & 170):

Den, der ikke kan binde sig til en Qvinde, faaer intet Hjem; hans Lod er det at vandre rastløs og ustadig paa Jorden, og dette Lod var mit. [..] Den, der har maattet opgive at lytte til et af Naturens uafviseligste Krav, og tilmed det, der kan kaste Mennesket i den dybeste Lidenskab, han vandrer gjennem Livet under et Jernaag.

Et års tid var han i Düsseldorf, hvor en pige forelskede sig i ham, og han for hendes skyld blev indblandet i en duel, og et halvt år vandrede han rundt i de schweiziske bjerge. Herefter krydsede han med fornyet livslyst Alperne og slog sig ned i Italien, hvor han i to år tog ophold i Florents.

Det er nærmest en episk lov, at den person, der lover ikke at gøre et eller andet (spise af et forbudt æble fra Kundskabens træ f.eks.), på et tidspunkt føler sig fristet til at overtræde forbuddet. Således også med Sandro. I hans tilfælde skete det, da han stod og beundrede et maleri af "Magdalena baaren til Himlen af Engle" i Pitti paladset i Florents (174-176). En kvinde tilkastede ham et blik, som „trængte mig igjennem Sjælen, det var som kjendte jeg det, og dog var det mig fremmed". På stedet blev han tryllebundet af hendes „ædle qvindelige Lineamenter", hendes "fyldige, friske Læber" og hendes „sorte Øine, hvori Sydens Ild luede med sit hele Trylleri".

Nogen tid efter opsøgte markis Cæcilie de Caglioni, som hun hed, ham i hans atelier, hvor hun bestilte et maleri. Ved synet af „hendes usigelige Skjønhed og hele elegante og yndefulde Væsen" (202) –

hendes former "maatte være støbte efter den mediceiske Venus" (184) - slog "hans lidenskab op i vilde Flammer" (186) samtidig med, at han vidste, at han aldrig måtte lade sig opsluge af dem.

Alligevel afslørede han efter nogen tid sine stærke følelser for hende (208): „Man vandrer ikke ustraffet under Palmerne, veed De, og jeg er straffet, fordi jeg har badet mig i Deres Øines Straaler og sænket min Sjæl i Deres Væsens Trylleri. Mine Følelser for Dem fortære mig". Ét blik på hende, var nok til at overbevise ham om, at hans følelser var gengældt: „Der var et Kjærlighedens Rosenskjær over hendes deilige Træk". Omend hun erklærede, at hun aldrig kunne tilhøre ham, fordi hun allerede var gift – dog "kun" med „en Olding paa mellem fyrre og halvtredsindstyve Aar, udlevet, apathisk" (185) - var Sandro hendes store kærlighed (208 & 212): „min Haand er lænket [..] men mit Hjerte er Dit. [..] O jeg elsker Dig, Sandro. Mit Liv, min Sjæl, mit alt tilhører Dig". Han var lykkelig som aldrig før (209): „O kunde mit Liv forsvinde i din Favn, opløse sit i Dit Væsens Herlighed." De omfavnede hinanden og „smeltede sammen i Kjærlighedens Vanvid, og hele Verden forsvandt for vores Bevidsthed" (212). Og så ramte *løftet* ham som en hammer, han fór ud af stuen og kastede sig i havens store vandbassin, hvor han ville være druknet, hvis ikke en tjener havde reddet ham.

Men ak! Cæcilia var blevet smittet af en sygdom, der først havde ramt Sandro, og i modsætning til ham stod hun den ikke igennem. Den skyldbevidste Sandro, der indirekte havde dræbt sit livs store kærlighed, var nu mere ensom end nogensinde før. Han havde jo mistet

den Qvinde, der havde lært mig at kjende Kærligheden, der havde tændt min Sjæl i Flammer, saa at den glemte alt for hende […]. Jeg havde fundet og næsten i samme Nu tabt den, hos hvem jeg havde mødt, hvad en uimodstaaelig Drift i det menneskelige Væsen søger, [..] en Sjæl, med hvilken min kunde smelte sammen i en salig Sympathi, i denne dybe Forstaaelse, der er Kjærlighedens Grund og Væsen (219).

Sandro på en røverborg - Sandro brød op fra Florents og rejste ned til Calabrien, Italiens støvlespids, hvis bjergrige, uvejsomme og vilde natur nærmest udenfor lov og ret korresponderede med hans sindstilstand. Da han reddede den sårede røverhøvding Angelo del Contes liv ved at skaffe ham hjælp i nødens stund, blev han inviteret til at bo hos ham på hans røverborg. Det var samfundets uretfærdighed i form af en modbydelig adelsmand og hans medsammensvorne, der havde drevet Angelo ud i røverhåndværket (270-271): „Man taaler meget, men Braaden kan jages saa langt ind i Plougoxen, at den bliver vild. [..] Lov og Ret er ikke at faae her i dette Land mod de store Herrer. Saa maatte jeg flygte, og, og saaledes blev jeg Herre paa Bjergene." Herfra opererede han som en ædel Robin Hood-figur, der bekæmpede uretten og tog fra de rige og gav til de fattige.

Sandro, der kunne se „Mennesket i Røveren" (325), befandt sig godt mellem de italienske *outlaws*, fordi de lige som ham selv befandt sig „udenfor de almindelige menneskelige Livsbetingelser" (309). Hos dem mødte han "det naturligt Menneskelige, medens deres lovløse Gjerninger og Færd ikke syntes at have gjort dem paa nogen Maade Umenneskelige" (299).

På en indtrængende opfordring udførte han et maleri af Madonna med barnet. Han tildelte Madonna Cæcilias ansigt, fordi hun for ham var lige så uskyldsren som jomfru Maria. Fuld af ærefrygt indsatte røverne maleriet i et alter, de havde opbygget til Madonnas pris, og han blev dybt bevæget over „denne ubetingede Hengivelse i Troen paa en evig Barmhjertighed, der fremtræder hos den Udannede i rørende Enfoldighed" (349).

Da Madonna var fuldført, følte Sandro en dyb trang til at komme videre i sit liv. Jorden var også begyndt at brænde under ham. Røverhøvdingens smækre, 18-årige datter Bianca, der havde "fine vidunderlige, dybt mørkeblaae Øine" og var "smuk med den ædle, svagtbuede Næse og de svulmende Korallæber, hvis Fylde dog ikke overskred Skønhedslinien" (258), sværmede nemlig for ham på ægte skolepigevis. De tog på jagtture sammen, hvor de skød vagtler, peli-

Madonna med barnet (ukendt kunstner, ca. 1520.
Kilde: Nivaagaards Malerisamling)

likaner og vildsvin, gyste ved Baratro del Inferno og besteg Monte del Gigante. På dette bjergs top ønskede hun, at han skulle kysse et sår på hendes kind - "Sug kun mit Hjerteblod; det er dog dit" - hvorefter hun slyngede armene om ham og kyssede ham, "og hendes Læber hang ved mine, som de ikke mere vilde skilles derfra" (338). Venligt irettesatte han hende for hendes upassende opførsel samtidig med, at han unægtelig følte sig fristet af "denne vilde Qvindesjæl"

Pige fra Calibrien (1852).

Den banebrydende franske fotograf Charles Nègree (1820-1880) tog i fotografiets spæde barndom dette billede af en ung pige fra Calibrien. Hun kigger lidt vemodig hen mod Nègree, mens hun samler et sjal om sig med sin højre arm.

Måske bar Bianca, røverhøvdingens datter i Livslænker, *nogenlunde samme påklædning? Ja, måske lignede hun ligefrem pigen på fotografiet?*

(328) og var klar over, at han måtte forlade røverborgen for ikke i et svagt øjeblik at bryde sit løfte.

Sandro i et kloster – Arbejdet med Madonna-portrættet havde fået Sandro til at indse, at han med sin kunst "maatte søge at vinde Forlig med Livet" (345). Det var den eneste måde, hvorpå han kunne "bevare Friheden under den Lænke, der bandt mig" (357).

Inden han genoptog sin karriere, valfartede han til benediktinerklostret Waldiselice nær Salerno. Det var rejst som en fæstning „til Værn om den hellige og den fromme Andagt, et Ly [..] for den selvfornægtende Hengivelse i Stræben efter stedse inderligere Samfund med den evige Kjærligheds Magt" (355). Et passende opholdssted for en mand med Sandros løfte i bagagen. Under de isolerede, selvrefleksionsbefordrende forhold lærte om ikke at elske så dog at acceptere sin skæbne (357-358):

Jeg havde følt mit Løfte til ham [faderen] som et utaaleligt Aag, lagt paa mig af en fjendtlig, ondskabsfuld Magt, der havde brugt min Faders Sjælsqvaler som et Redskab for at faae mit Liv til at visne, nu gik jeg selv frivilligt ind under Aaget i fast Beslutning om at bære det som et Offer til Forsoning for ham, hvis Brøde gav mig Livet. En Søn skal være beredt til at lide for sin Faders Skyld. Hvert Slægtled har i denne Henseende sin Forpligtelse mod den Foregaaende. [..] den efterfølgende Slægt skal bære den henfarnes Brøde i Ydmyghed og Taalmod som sin egen Deel af Livskampen [..]. Saaledes vinder Forsoning Magt i Menneskeslægtens Livsstrømning.

Med disse ord er bogens "morale" fremstillet i komprimeret form.

Sandro blev bestyrket i sit forsæt gennem nogle udbytterige samtaler med klostrets abbed, som var en mand, der havde "forstaaet Tilværelsens Vilkaar og grebet Livet i dets Væsen" (355). I første omgang diskuterede de kunstens opgave på et generelt, teoretisk plan. Abbeden, der regnede Sandro for en ægte kunstner i besiddelse af geniets nådegave og ikke blot en dygtig håndværker, satte den sande kunst uendelig højt (366):

Kunstneren, naar han er det i Sandhed, hører til de Mennesker, gjennem hvem Guddommen meddeler sig og kundgjør Idealernes Herlighed som Forbud for Livets kommende Forklaring, naar Skabningen skal fornyes til sin oprindelige Reenhed, og det Slør hæves, hvormed Forkrænkeligheden bedækker den, den Lænke sprænges, hvori den holder den bunden i det Ufuldkomne. Derfor har ogsaa Kunstneren et stort Ansvar for, hvorledes han bruger de Kræfter, hvormed han er blevet udrustet.

I anden omgang betroede Sandro abbeden sin livshistorie centreret omkring løftet. Den menneskekloge munk havde indset, at der lå et særegent Tryk paa Deres Tilværelse, og at Deres Liv ikke kunde rinde hen ganske under de almindelige Betingelser. At det saaledes er kommet, har maaske været nødvendigt for at bringe de Evner og Kræfter, der er nedlagte hos Dem – jeg mener i Henseende til Kunsten – til fuld Udvikling (373).

Abbeden gav hermed en acceptabel *forklaring* på Sandros skæbne. Forudsætningen for, at han kunne skabe sublim kunst til opbyggelse og berigelse for menneskeheden, var måske netop, at han pga. sin specielle baggrund og sit løfte var dømt til ensomhed? Uheld i livet, held i kunsten?

Sandro tog abbedens ord til sig og rejste til Rom, hvor han nu kun malede religiøse motiver. Hans største drøm var at portrættere Jesus, da han hang på korset, og den gik i opfyldelse. Det var, mens han var i Rom, at han mødte Dugliave. Og så brød koleraen ud …

Opstanden fra de døde – I romanens tredje afdeling åbenbares omsider "den rædselsfulde Begivenhed, der kastede mig ud i Verden som et Vrag paa Bølgerne" (Dugliave, 402). Det startede ellers alt sammen så godt i det sydsvenske. Allerede som 18-årig blev Dugliave gift med Gyllensvärd (manden fra tøjbutikken), men deres ægteskab udviklede sig hurtigt til en katastrofe for begge parter. Han blev til sidst så desperat, at han gav hende gift, hun blev syg og døde … tilsyneladende. Skindød lå hun i fem døgn: Tre i hjemmet, to i graven.

Men så vågnede hun op med ét sæt (412): "det Øieblik, man vaagner i en Ligkiste og skal fatte sig som levende begravet, som den Døde, den fra Verden og Livet udstødte og glemte, det trodser i Rædsel ethvert andet". Desperat men selvfølgelig forgæves forsøgte hun at løfte kistelåget. Luften i den beklumrede kiste var ved at slippe op, og hun sank hen i en døs, hvor hun følte, at hun gik ned ad en allé mod et "Flammehav" i det fjerne. Alleen var oplyst, men efterhånden som hun bevægede sig fremad, slukkedes lysene bag hende.

Angsten for at blive levende begravet plagede mange på en tid, hvor lægerne ikke havde de samme muligheder som i dag for at spotte en skindød. Den amerikanske forfatter Edgar Allan Poe gav angsten et chokerende udtryk i novellen „Levende begravet" fra omkring 1840.

Dugliaves rædselsvækkende oplevelse er med stor sikkerhed inspireret af en berømt sag fra virkelighedens verden. I 1798 fik den meget velhavende 23-årige enke Giertrud Birgitte Bodenhoff en skrækkelig tandpine, og for at dulme hendes voldsomme smerter gav en læge hende lidt for meget opium. Hun døde tilsyneladende og blev begravet i Bodenhoff-slægtens gravsted på Assistens kirkegården. De kostbare smykker, hun fik med sig i graven, fristede nogle gravrøvere, som i nattens mulm og mørke fik løftet låget af hendes kiste. Ifølge én version slog hun øjnene op, da de forsøgte at rive hendes øreringe af, ifølge en anden vågnede hun, da de huggede en af hendes fingre af for at få fat i en værdifuld ring. „O, tag mig bort fra dette skrækkelige Sted", tryglede hun. Hun lovede gravrøverne mange penge og en rejse til Amerika, hvis de blot ville lade hende leve. De turde imidlertid ikke at løbe denne risiko - hvad kunne hun ikke finde på at fortælle, når hun først var i sikkerhed? - og slog hende ihjel med en økse. I én variant af historien myrdede de hende ikke men lukkede blot kisten til, hvilket forekommer næsten endnu mere inhumant. Historien kom frem 18 år senere, da en af gravrøverne skriftede på sit dødsleje.

Giertruds ulykkelige skæbne blev meget omtalt i samtiden og optog bl.a. forfattere som Adam Oehlenschläger, B.S. Ingemann, H.C. Andersen og Kofoed-Hansen.

På foranledning af efterkommeren Viggo Starcke blev Giertruds grav og resterne af hende undersøgt i 1953. Det viste sig, at hendes skelet lå i en underlig, forvreden stilling, som indikerede, at hun kun havde været skindød, da hun blev lagt i kisten. Der var ingen smykker i graven.

Da hun spurgte en fremmed mand, der fulgte hende, hvorfor, svarede han med et dæmonisk grin: "det er Dagene, der er henrundne, der følger efter os. Du vil finde dem alle igjen, naar vi komme til Enden" (415). Til sin skræk opdagede hun nu, at der groede flagermusevinger ud af ryggen på hendes væmmelige ledsager. Døden var han, i egen høje person. Netop som han omfavnede hende og borede sine vingekløer ind i hende, forsvandt alleen og alle lysene. Kistelåget var blevet løftet af to mænd, den friske natteluft trængte ned til hende, og hun kunne igen trække vejret uhindret. En af mændene var ved at skære nogle fingre af hende for at få fat i hendes værdifulde ringe, og det udfriede hende fra "Synernes Verden" (415).

Gravrøvere havde ufrivilligt frelst hende i sidste øjeblik. Først ville de dræbe hende for ikke at blive afsløret, men de endte dog med at lade hende leve, hvis hun accepterede at blive sat i land på Sjælland og aldrig nogensinde vende tilbage til Sverige. Hun måtte afgive dette højtidelige løfte ved kirkens alter. Fra Sjælland fortsatte hun til Paris, hvor hun flyttede ind hos en tante. Her mødte hun Sandro ...

Fortælleren er chokeret over Dugliaves vidnesbyrd og forsøger at overbevise hende om, at der er en mening med alt, også hendes vanskæbne (432):

Vær vis paa, et Liv ender ikke, før det har afgivet sin Betydning til det almindelige Samfundsliv, saalidt som Strømmen i Slægtens Tilværelse standser, før den har udtømt sit Indhold i Verdenslivets Ocean. [..] Der er intet Væsen overflødigt i Verden; Verdensstyrelsen bruger dem alle.

Dugliave lader da også til på egen hånd at have fundet en meningsfuld måde, hvorpå hun kan leve sit liv til ende. Da fortælleren ser hende sidste gang, inden deres veje skilles for altid, står hun i hvert fald som "Billedet af en Amazone glødende af Kampbegeistring" (435). På denne tid lå de kristne franske tropper i krig med de vantro arabere i Algeriet, og hun valgte derfor at rejse til Nordafrika, hvor hun hjalp til med at pleje og passe syge og døende franske soldater.

Hun blev dræbt af en maurisk kugle, da hun greb en sabel og gik til angreb på fjenden.

Hvordan man lærer at leve med en livslænke - På et tidspunkt stiller Dugliave fortælleren dette spørgsmål (52): „Troer De ikke, der er Mennesker, fødte til at lide, hvis Liv hovedsageligt er anlagt netop derpaa. O, den Tanke har været mig en Trøst". *Livslænker* handler om to mennesker, Dugliave og Sandro, der var "fødte til at lide" forstået på den måde, at de var bundet af lænker, som udelukkede dem fra et gængs menneskeliv centreret omkring ægteskab og familiestiftelse.

Han var bundet af det cølibatløfte, hans far afkrævede ham på sit dødsleje. *Hun* var viet til Gyllensvärd - manden der forgiftede hende - og den eneste måde, hvorpå hun kunne få ægteskabet ophævet, var ved at bryde sit løfte til gravrøverne. Bogen handler om, hvordan de lærte at leve med deres respektive lænker dels ved at tro på, at de havde en "højere" mening, som ville blive åbenbaret i Paradis, og dels ved at finde frem til alternative livsmodi, som gav mening for netop dem, mens de endnu var i live.

Sandros personlighedsudvikling fremgår dels af hans refleksioner i erindringerne og dels af hans kunst, hvor han bevæger sig fra landskabsmalerier over bjørne til Madonna med barnet og Jesus på korset. Ja, måske var det i virkeligheden formålet med Sandros liv, at han skulle bringes frem til det punkt, hvor han formåede at fremstille Jesu' ansigtsudtryk i netop det verdenshistoriske øjeblik, hvor han sonede hele menneskehedens synd? Ligesom Sandro selv sonede sin fars synd ved frivilligt at afklippe livstråden.

Dugliaves slutmål vokser ikke organisk ud af fortællingen som Sandros. Det virker mere, som om Kofoed-Hansen bare ville være færdig med sin roman og derfor lod hende vælge en acceptabel, typisk feminin udvej som sygeplejerske for krigens sårede. Hun mente, at hun dermed blev "den, jeg er [..] for Guds Aasyn" (100).

Nutidige læsere vil måske nok kunne acceptere Dugliaves lænker. Medmindre hun ville ende som en kriminel bigamist, kunne hun kun gifte sig med Sandro, hvis hun blev skilt fra Gyllensvärd, og det ville kræve, at hun brød løftet til gravrøverne, og at hendes grufulde hemmelighed blev afsløret. Derimod har vi nok sværere ved at goutere Sandros lænker. Vi kan til nød acceptere æresgæld, som efterkommere påtager sig at indfri, selv om de måske ikke rent juridisk er forpligtet til det, men tanken om, at den ene generation ligefrem skal påtage sig/sone den forriges synder, forekommer os fremmedartet og helt uforenlig med vores grundfæstede, humane tro på, at hvert enkelt individ er et selvberoende væsen kun ansvarlig for egne gerninger. Sandros dybe moralske skrupler, hver gang hans naturlige kønsdrift blev aktiveret, virker en smule eksalterede på os, selv om de var reelle nok for ham ... og for Kofoed-Hansen.

6. DØD I LIV (1887)

I 1864 var Danmark i krig med Tyskland og Østrig. Betydelige danske tropper havde barrikaderet sig ved Dannevirke lidt syd for Slesvig for at forhindre en invasion. Fæstningsværket med det betydningsladede navn formodedes nemlig at være nærmest uindtagelig. Den danske hærledelse indså imidlertid hurtigt, at Dannevirke var i en sørgelig forfatning, og derfor blev det besluttet at rømme fæstningsværket. Det skete i nattens mulm og mørke mellem den 5. februar og den 6. februar. Først kl. 4 om morgenen opdagede fjenden, at de danske soldater var rykket nordpå.

Slaget ved Sankelmark den 6. februar 1864 var usædvanlig blodig. Med cigarer i flaben sang de danske jenser revyvisen "på' en igen, på'en igen, igen lille Ferd'nand Ludvigsen", når de angreb med påsatte bajonetter. (Ukendt kunstner, Illustreret Tidende 1864)

Hurtigt blev de eftersat, og ved middagstid indhentede østrigske husartropper den danske bagtrop på 763 mand, som havde taget opstilling ved Sankelmark. I løbet af eftermiddagen bølgede kampen frem og tilbage, indtil mørket faldt på ved 17-tiden. På det tidspunkt havde 53 danske soldater mistet livet, mens resten af bagtroppen, hvoraf mange var hårdt såret, blev taget til fange. De døde ofrede sig, så langt hovedparten af den danske hær kunne rykke uhindret videre og barrikadere sig i skanserne ved Dybbøl. Blandt Sankelmarks faldne helte var sekondløjtnant Arthur Berger.

Et retningsløs liv - Om denne fiktive adelsmand handler Kofoed-Hansens sidste roman *Død i Liv*, hvis handling udspilles mellem maj 1862 og februar 1864. "Du haver Navn som Levende, endog Du er død", lyder dens motto hentet fra Johannes Åbenbaring 3.1. Helt ud i titlen er romanen anlagt som et modstykke til Kofoed-Hansens andet skønlitterære udspil *Liv af Død*. Man kan åbenbart godt være i live rent fysisk og dog samtidig være død indvendig, åndelig talt. En sådan levende afdød er Arthur, der knuges til jorden af en skæbnetung fortid, som gør det umuligt for ham at påskønne livet og tage det i besiddelse.

Det store traume i hans liv er, at hans mor forlod ham og hans far, da han var blot seks år gammel. Og det skete desværre til fordel for en mand, som viste sig blot at være en fæl forfører, en overfladisk og troløs levemand. Dette fatale modersvigt er Berger aldrig kommet sig over. Fordi hun ikke var der under hans opvækst til at trøste, opdrage og vejlede ham, har han mistet orienteringssansen i livet (45): "En Moders Kjærlighed er en Sundhedskilde for Sjælen. Min Sjæl er syg til Døden, fordi den blev mig nægtet".

Uden mål og med strejfer han i årevis rundt i Europa sammen med sin dårlige drukkammerat Ulrik von Wehrwolf, der er "alle Lasters Mester" (74). Hans efternavn siger alt! Sammen har de jagtet kvinder i Neapel og forødet formuer i Londons spillebuler. Bag de mange rejser, kvinder og fester lurer tomheden, intetheden, som til sidst bliver så ubærlig, at Arthur leger med tanken om at begå selvmord (30-31):

O, at man dog kunde kaste det elendige Liv fra sig og give det som en Bolt op for alle Vinde, blæse sig selv ud som en Sæbeboble, der saa kunde falde til Jorden som en slimet Klat efter en Stund at have danset som let seirende paa Luftstrømmene. Ha! Ha!

Da han er "overmættet af hele Tilværelsen, kjed af denne Træde-mølle" (100), er en livstræt, nihilistisk hånlatter over alt og alle det eneste, han har tilbage. Sin livsfilosofi sammenfatter han i én eneste sætning (37): "Man bliver omsider kjed af alt". Og så remser han og varulven ellers alt dét op, der giver tilværelsen mening for alle an-dre: Kærlighed, kvinder, samvittighed, musik, dans, tærter, vin, he-ste, hunde, venskab, minder ... (Listen giver mindelser til den ked-somhedsdialog i Aristofanes' komedie *Plutus*, som Kierkegaard satte som motto for afsnittet "Vexeldriften" i *Enten-Eller*).

Ved romanens start er Athur en ikke længere helt ung mand i slutningen af tyve-årsalderen, der i en sindsstemning af den yderste tristesse returnerer til sit fødeland for at sælge sit landsted i Vedbæk og dermed definitivt kappe enhver forbindelse til Danmark … og sin fortid.

En mulig kærlighed – Paradoksalt nok indtræder vendepunktet i hans liv netop i forbindelse med salget af hans barndomshjem.

Køberen er den velhavende men noget brovtende Markow, der er vendt hjem til Danmark efter mange år i Amerika. Mens han beser hovedbygningen ledsaget af en opsynsmand, udforsker hans natur-glade datter Adelheid (navnet betyder adelig) på 20 år haven, hvor hun møder Arthur for første gang. De spadserer lidt rundt på må og få, mens de snakker om den danske bøgeskov, som hun elsker og han hader, da han ganske uventet frier til hende. Efter få minutters bekendtskab! Først ler hun, da hun opfatter frieriet som en dårlig spøg, men da hun forstår, at han mener det alvorligt, bliver hun for-nærmet over hans optræden, som hun finder uridderlig.

Da de returnerer til hovedbygningen, indvilliger Arthur i at sælge sin ejendom med alt indbo til Markow pånær ét bestemt maleri, som Adelheid er faldet for og ønsker at eje (25): "Det [ansigtet på den portrætterede kvinde] var som levende og slog mig, som vilde det gjennembore mig med det dybe, tryllende Blik". Venligt afstår Arthur Adelheids ønske, da "det er en nær Slægtning af mig, som er fremstillet" (25). Portrættet forestiller hans mor.

Det er ikke kun Adelheid, der fra første øjeblik gør et dybt indtryk på Arthur, det modsatte er også tilfældet. Om hans sælsomme blik forklarer hun sin far (27):

Den Kvinde, der møder det, hos hende maa det enten vække Had eller Kjerlighed eller begge Dele paa een Gang. Jeg kunde komme til at hade det Menneske grændseløs, især om jeg skulde være saa ulykkelig, at jeg kom til at elske ham. Men maaske Kjerligheden just saaledes er paa sit Høieste og først har sit egentlige Væsen, naar den baseres paa Had.

Markow affærdiger hendes snak som "Vaas" og "Piankeri", men det er for hende en kongstanke, at der "inderst inde" i ethvert kærlighedsforhold må "skjule sig et glødende Had, som gav Kjerligheden en fortærende Kraft. Livets dybeste Modsætninger maae forene sig i de Følelser, der gaae og vexle mellem Mand og Kvinde" (64).

Hen over sommeren vokser Adelheids og Arthurs følelser for hinanden. De "glødende" blikke, hun nogle gange sender ham, overbeviser ham om, "at hun ikke var uberørt af den Ild, der brændte lønligt hos ham selv og undertiden ved hendes Nærværelse var nærved at slaae ud i vilde Flammer" (85). Konstant krydses deres veje, omend Markow forsøger at forhindre det.

Arthur er klar over, at kun "denne blondlokkede Sirene" (43) kan redde ham. Kun hun kan "give mig tilbage til et sandt Liv og fylde min Sjæl med Glæde, med Tro, med Kraft" (90). Et ægteskab med Adelheid vil opveje hans forspildte ungdomsliv, hvor han drev formålsløst rundt som en livsuduelig bundfaldseksistens (132): "O, en Hustru kan nok formaae at hele et brustent Menneskeliv". Og efter flere tilløb frier han til hende (89):

De har straalet for mig som en Sol efter Nattens Mørke. Jeg elsker Dem, Adelheid! Lad mig udtale for Dem, hvilken hellig Ild Deres Blik, Deres Skikkelse, Deres hele tryllende Væsen har tændt i mit Indre. Den vil fortære mig, Adelheid, hvis De møder den med haanlig Kulde. Jeg maa tilbede Dem med en Følelse, som jeg aldrig har næret den for nogen Kvinde, med en Overbevisning saa dyb og inderlig, at jeg i Dem gienfinder alt hvad jeg har tabt, hvad mit Liv har savnet.

Og miraklet indtræder: Dennegang accepterer hun hans frieri.

Hermed synes vejen til Paradis at være banet for Arthur. Kofoed-Hansen excellerer imidlertid ikke i *happy endings* i traditionel forstand, hos ham driver en uransagelig skæbne altid sit spil med os.

En dødsdømt kærlighed – Sin dødsdom modtager Arthur, da han som skik byder møder op hos Markow for at anmode om Adelheids hånd. Han afslører nu, at hun er hans adoptivdatter. Hendes biologiske forældre er en vis Blendahl og Arthurs mor! Ham var det, der så så længe på hende med sit uimodståelige "Slangeblik" (116), at hun forlod sin mand og sin 6-årige søn. Med andre ord: Arthur og Adelheid er halvsøskende!

En forklaring på de stærke følelser, Arthur og Adelheid nærer for hinanden, før den barske genealogiske sandhed kommer for dagen, kan være, at man i kærlighed søger én, der ligner sig selv? Han længes således inderligt efter "denne Kjerlighed, der har i sig Evighedens Følelse, Besiddelsens Tryghed, nok i Bevidsteden om den, fordi den udfylder ethvert Savn, og ethvert Savn tier i den Elskedes Nærhed, sammensmeltede Sjæles inderlige Forstaaelse" (32). Og med hvem kan ens sjæl bedre sammensmelte end netop med en beslægtet? Den gensidige tiltrækning mellem Arthur og Adelheid bliver måske netop så stor, fordi de rent genetisk delvist har samme udspring? Da de bliver klar over, at de deler den samme mor (som Adelheid instinktivt følte sig draget mod, da hun så hendes portræt), bliver enhver forestilling om en romantisk forbindelse selvsagt en umulighed, både af moralske og juridiske grunde. Incest rangerer i de fleste civiliserede samfund lige så lavt som f.eks. pædofili og nekrofili. Betegnende nok reagerer de to halvsøskende vidt forskelligt på afsløringen.

Hun foreslår, at de fortsat kan ses men nu som søskende, der elsker hinanden på en anstændig, moralsk acceptabel og fuldstændig aseksuel måde (128): "Kunne vi ikke leve som Broder og Søster? Saaledes have vi dog nu fundet hinanden. Har jeg som en Søster ingen Værdi for Dig? Du ringeagter dog ikke en Søsters Kærlighed?" Hun er overbevist om, at hun kan transformere sin lidenskabelige, fysiske kærlighed til Arthur til en ikke-kropslig, søsterlig ditto. Med retrospektiv indsigt forstår hun tillige, at hendes syn på kærlighed og had som et uadskilleligt tvillingepar, nok i virkeligheden udsprang af, at hun dybt nede i sin underbevidsthed anede, at hendes erotiske længsel efter Arthur var illegitim, et oprør mod naturens orden.

Han, derimod, ser helt anderledes på det (128):

En Elskers Kjerlighed kan ikke paa eengang forvandles til en Broders [..]. Den Flamme [elskovens] slukkes ikke saaledes blot med Omskiftelse af Navn. Den vil røre sig og rase ofte nok i vort Væsens Dyb og forstyrre vort Forhold; vor gjensidige Bevidsthed er forgiftet.

Fordi han fortsat ser hende som "Gjenstand for min hele Sjæls brændende Attraae" (132), må han endnu en gang tage rejsestøvlerne på. Sønderknust, desillusioneret og ribbet for ethvert fremtidshåb bruger han et års tid på at fare rundt i Tyskland, Frankrig og Italien samt klatre på pyramider i Egypten. Lykken har definitivt og uopretteligt vendt ham ryggen, han er nu tættere på at tage sit eget liv end nogensinde før.

Tilgivelse og heltedød – For en forfatter af Kofoed-Hansens type kan historien ikke blot ende med, at Arthur skyder sig en kugle for panden. Det ville ikke være moralsk opbyggeligt, og det ville ikke tilfredsstille forfatterens syn på styrelsens forunderlige indgriben i ethvert menneskeliv. Tre ting er nødvendige for, at han kan afrunde romanen på en tilfredsstillende vis: Arthur må tilgive sin mor, han må genvinde sin kristne barnetro, som hen ad vejen gik tabt sammen med så meget andet, og han må dø soningsdøden.

Netop som Arthur en stormfuld aften har ladt sine pistoler og er rede til at tage det sidste skridt, bliver han opsøgt af sin mor. Hun trygler om, at han må vise hende barmhjertighed og tilgive hende (151): "Kun med den [hans tilgivelse] kan jeg haabe paa Fred i denne Verden og Naade i hin". Hendes forfærdelige svigt, da han kun var et barn, har imidlertid gnavet på Arthurs "Livsrod" (155) og gjort ham til en fremmed i tilværelsen, og derfor skal der nogen o-vertalelse til, før han tilgiver hende "fuldt og heelt" (159). Hun kan herefter gå sin forestående død i møde med sindsro (160): "Gud har straffet mig, det veed jeg og erkjender det; dog veed jeg ogsaa nu, at han har tilgivet mig, og vil tilgive mig ogsaa i Dig [Arthur] og ved Dig".

Efter at Arthur har fundet sammen med sin mor, bryder han for sidste gang op fra sin hjemstavn. Lige siden sin barndom har han ef-terlyst en rød tråd i sit liv (32 & 136):

Ak, Ungdommen bringer dog de fleste noget, de kunne tage over med i Manddommen, en Traad, ad hvilken de kunne spinde deres Liv tilende. Men mig! Den har ladet mig saa blot og bar, at jeg med alle Muligheder for mig dog ingen veed at gribe. [..] Er ikke den naturlige Tanke den, at naar man er død, saa er der intet, og dog er det igjen saa, at det er umuligt at tænke sig sit eget Intet. Det er alt sammen en Labyrinth, ligesom Livet, og – hvor er Ariadnetraaden?

Det lykkes ham i de sidste måneder af sit liv at finde "Ariadne-traaden" i form af den danske hær, der bliver hans redningsplanke. Her kan han kæmpe for en sag, der er større end ham selv, og så el-sker han "Kamptummelen", fordi den "døver saa herligt de indre Røster" (163).

På falderebet forliger han sig med den skæbne, der nu engang blev blev hans, og genvinder sin kristne tro på "den, der styrer alt, det En-kelte som det Hele" (164). Aftenen før sin død opsummerer han sin livsfilosofi med disse ord (168):

Vi ere kun Tærninger i Livets Spil, og vi faaer at nøies med den Lod, den Haand giver os, der kaster. Men har man maattet erkjende og bøie sig under hans vidunderlige Indgriben i sit eget Liv og forstaaet, at han lader sig ikke spotte, saa, ja saa begriber man ogsaa, at han ordner og bestemmer Livets Spil i det Store.

Arthurs billede, hvor Gud er terningekasteren, og vi er terningerne, lyder besnærende men er i virkeligheden noget problematisk. Pointen ved et terningekast er jo netop, at det er uforudsigeligt, om resultatet bliver en etter eller en sekser. Men samtidig med at Arthur hermed bestemmer menneskets "Lod" som et resultat af tilfældighedernes spil, taler han om Guds "vidunderlige Indgriben" i hans liv og konkluderer, at han "ordner og bestemmer Livets Spil i det Store". Vi er åbenbart alligevel ikke prisgivet en vilkårlig verdens(u)-orden, der er et højere formål med vort liv, fordi vi "i det Store" hviler trygt i Guds hånd. "Gud spiller ikke med terninger", som Albert Einstein efter sigende engang sagde til Niels Bohr i en diskussion om kvantemekanik. Uanset hvad: Man må bøje sig, man må med taknemlighed acceptere livet, som det nu former sig, uanset om det falder ud til en etter eller en sekser. Dét er livsopgaven, som er stillet hver enkelt af os.

Og med ligevægt i sindet falder han ved Sankelmark og soner med sin uselviske heltedød for fædrelandet de mange forspildte ungdomsår.

Svanesang med uforløst incest og to slags slaveri - I *Død i Liv* gennemspiller Kofoed-Hansen en sidste gang flere af sine klassiske temaer: En livstræt hovedperson med en traumatisk fortid, som gør det umuligt for ham at hengive sig til livet, en ubønhørlig skæbne der rammer ham som et kølleslag, netop som lykken alligevel synes indenfor rækkevidde, en altfortærende men også uforløst eros mv. Tonen er stedvist højstemt og handlingen melodramatisk. På alle punkter står romanen tilbage for *Kjød og Aand*, som Kofoed-Hansen skrev på sit livs middagshøjde, men som en aldrende forfatters svanesang sætter den alligevel et værdigt punktum for hans forfatter-skab.

Og så formår han samtidig også at sætte nye problemer under debat, som Georg Brandes efterlyste ved indgangen til 1870'erne. At Kofoed-Hansen overhovedet tager et så tabubelagt emne som et spirende omend aldrig realiseret incentuøst kærlighedsforhold mellem to halvsøskende op, er i sig selv en modig og markant nyskabelse for en forfatter i halvfjerdsårsalderen. Dennegang er det ikke en diskutabel slægtssynd som i *Livslænker* men et reelt slægtsskab, som blokerer for kærligheden.

Ydermere har to andre kontroversielle emner sneget sig ind i Kofoed-Hansens sidste opus, og de har begge med (en form for) slaveri at gøre. Handlingen i bogen er nok henlagt til Nordsjælland, men der trækkes alligevel tråde ud i den store verden. Den amerikanske borgerkrig 1861-1865 omtales således flere gange (23,59,71), og den drejede sig bl.a. om, hvorvidt de hvide i sydstaterne fortsat skulle have ret til at holde negerslaver? Markow har ingen moralske skrupler i den henseende. Han har købt en negerslave, Baldrian, i New Orleans og taget ham med til Danmark som sin tjener. De sjællandske bønder forundres ved synet af "den lede Satan" med en kulsort næse og en stor mund, som var "gloende rød. Hu-Ha!" (4). Sådan en mærkværdig skabning har de rigtignok aldrig set før! Han er i øvrigt en luddoven klovn, der f.eks. slet ikke kan styre de forspændte heste, når han agerer kusk.

Den humanistisk indstillede Arthur er forarget over, at Markow holder en negerslave - "Frihed [..] er altid at foretrække for Træl-dom" (22) - hvortil denne svarer (23-24):

Den farvede Race er skabt til at tjene den hvide, eller den vil forsvinde og give Plads for denne. Det er nu engang Verdenslivets Løb. Tror De, at nogle af disse høirøstede Yankeer, der skrige op om Frihed og Lighed og Menneskerettigheder, vilde se en Sort ved sit Bord eller i sin Vogn uden som Tjener, eller at nogen Kvinde vil ægte en Neger eller en Rødhud. De tale om Naturen, de Herrer, og saa vilde de med deres Principper voldtage Naturen.

Markows standpunkt er selvsagt helt uantagelig, set under enhver tænkelig synsvinkel.

Den diskussionslystne Adelheid, der ifølge Arthur har "Anlæg til en emanciperet Kvinde, til en moderne Hermaphrodit" (138), mener meget overraskende, at slaveri ikke blot er noget, der hører hjemme *over there*. Vi har også vores egne slaver herhjemme, omend de er hvide, blonde, feminine og bor i forgyldte bure! Hun er med andre ord noget så moderne som en kvindesagsforkæmper. Havde bogen udspillet sig i 1830'erne eller 1840'erne ville hun have været en anakronisme, nu står hun som en tidlig eksponent for en kvindetype, som har fremtiden for sig.

Blandt meget andet er hun utilfreds med, at der gælder en helt anden seksualmoral for kvinder end for mænd (107): "Er det vel egentlig Retfærdighed deri, at et plettet Liv ikke skader Mandens Ære og Anseelse, medens der hos Kvinder fordres den meest ubetingede Renhed?" Hendes grundlæggende kritik af det ulige forhold mellem kønnene retter sig mod det forhold, at kærligheden for kvinden er *alt*, mens den for manden kun er *noget* (62-69):

Det er nu en særegen Sag med Mænds Kjerlighed. Hvor lidenskabeligt, ubændigt de end kunde bære den til Skue og stille sig an, den er dog altid kun Nummer To. Lad et høit Maal vinke, Glans og Ære stilles i Udsigt, saa, ja, saa bliver Kvinden sat tilside, bortkastet som en Hindring for at naae Maalet; et Legetøi, man er blevet kjed af. [..] O, naar jeg tænker mig, hvad en Kvinde maa opgive, henkaste, fornægte for at tilhøre en Mand. Hvorledes hun maa ringeagte sig selv for at kunne hengive sig til ham, saa – ja kunde jeg hade alle Mænd. [..] O ja, for Kvinden er Ægteskabet et Fængsel, hvordan man saa tager det. Manden ved jo altid at hævde sin Frihed.

Adelheid kræver, at kvinder får andre muligheder i livet end at tilbringe deres ungdom med at vente på en frier og derefter som en gift kvinde blive holdt indespærret bag hjemmets fire vægge, mens manden gør karriere i samfundslivet (69):

Utaaleligt, [..] en utaalelig Anmasselse, at Kvinden kun skal kunne vinde en fri og selvstændig Stilling, selvstændig – oh – og hævde sig en Plads i Livet kun ved at stille sig paa Mandens Side og hengive sig til den huslige Trældom. Det skal, det maa blive anderledes.

Præcist hvordan kvindens stilling skal forbedres, har Adelheid ikke nogle konkrete anvisninger på. Man kunne eksempelvis forestille sig, at hun fik mulighed for at uddanne sig, blive selverhvervende og dermed rent økonomisk have andre optioner end ægteskabet. Under alle omstændigheder: Som situationen er her og nu er kvindens lod nærmest at sammenligne med en negerslaves! Begge har mistet deres frihed, begge er degraderet til undertrykte vedhæng til deres hvide herremænd. "Woman is the Nigger of the World", som John Lennon synger på albummet *Some Time In New York City* (1972).

Fotografiet på den modstående side: *En gang mellem 1850 og 1864 iførte Hans Peter Kofoed-Hansen sig sit stiveste puds og tog den godt 60 km. lange tur fra Haderslev til Flensborg. Her opsøgte han Friedrich Brandts fotografiske atelier og satte sig til rette foran kameraet på en solid stol med fornemme udskæringer. Sin cylinderhat lagde han fra sig på et tilstødende bord. Og så var han ellers klar til at lade sig foevige. Fotografiet er i visitkortformatet 9 x 6 cm. (Kilde: Arkivet ved Dansk Centralbibliotek for Sydslesvig).*

Hans Peter Kofoed-Hansen

7. EN MOSAIK AF STRØTANKER

Jean Pierre-bøgerne er sprængfyldt med filosofiske og undertiden noget langstrakte udredninger om alle mulige emner mellem himmel og jord. Kofoed-Hansen var imidlertid ikke kun vidtløftig, han evnede også at udkrystallisere essensen af sine tankerækker i markante sentenser af nærmest aforismeagtig tilsnit, som kan forståes og nydes uafhængig af den sammenhæng, de indgår i. Her bringes et udvalg af disse guldkorn. Under læsningen af dem bør man lægge sig Poul Martin Møllers ord på sinde (*Efterladte Skrifter bd. 3*, 1856, s. 3): "Strøtanker, som Frugter af Øieblikkets klarere Anskuelse, ere poetiske ved deres aphoristiske Form, ikke videnskabelige. De er Tænkningens Culminationspuncter".

LIV AF DØD

Johannes:
Tiden er den Gjøgler, der spotter os Alle (90)

Denne altudmarvende Længsel efter det evigt Tabte (206)

Hvor sælsom er dog Lidenskabens Leeg med Mennesket! (159)

Fortælleren:
Jeg troer, at den største Sorg er nærmest den høieste Glæde (37)

KØD OG AAND, ELLER DE TO VEIE

Axel:
Gaadefuldt er Livet, og dog skal denne Gaade løses (2.268)

En Qvinde, der græder smukt, er noget af det Skjønneste, man kan see (1.176)

Det er i Grunden enhver Qvinde, en Gaade, fremsat i saa yndige poetiske Billeder, i saa lette, sødtklingende Vers, at vi idelig fristes til Stræben efter at løse den og dog aldrig komme til Ende dermed (1. 158)

Hvorfor kan man ikke vexelviis være Mand og Qvinde? (2.147)

Det er overhovedet maadeligt bevendt med den frie Villie i Verden; den er en Illusion, Menneskene holde for virkeligt og stort, ligesom Drengen sin Kjephest (1.93)

Carl Ludwig Jessen: Portræt af en lille dreng med sin legetøjshest (1904).

Der er en Troløshed i Livet. Lumske Magter drive et rænkefuldt, formasteligt Spil med os (1.181)

Ja Villien, Villien til Eet er det Saliggjørende i Livet! [..] Der er Intet, der kan beseire en klar Villie, og hvad kunde ikke et fortvivlet Menneske udrette, naar han kun fik Noget at ville? (2.42)

Dæmonerne ere tjenstvillige Aander og lade det opstige i det menneskelige Bryst, man mindst tænker paa (1.185)

Trækfuglen ryster sin Vinge og vil flyve Hjem til Barndomsparadiset; men - Vingerne er stækkede, og Luften er ikke meer dens Bolig (2.149)

Først naar Sjælen vugges i dit Skjød [livssmertens], aabenbares dens sande og falske Væsen (2.230)

Og er der ikke en sød og salig Smerte i Saarene, som det Vaaben slaaer, Livet bruger imod os? (1.226)

Det er nu engang saa, at Verden bedømmer et Livs Betydning efter den Larm, det afstedkommer (1.233)

Hvor stort et Kald har ikke en Moder! Forholdet mellem en Moder og et Barn er det helligste jordiske Forhold (2.357)

Man svømmer dog aldrig behageligere i Lykkens Element, end naar skyldfrie Minder danne Tankens og Følelsernes Baggrund (1.240)

Men naar Smerten bliver skjønt udtrykt, da glemmes Lidelsen over

Skjønheden, saa at selv den, hvis Sjæl er lykkelig og barnlig, finder Hvile i den (1.282)

Kjærlighed og Had kaste Tærninger om os (1.410)

Naar der først nippes til Glædens Bæger, drikker den Fortvivlede meest (2.38)

Jeg gad dog seet et Menneske, der kunde elske trods Alt. Det var endnu værd at søge. Diogenes, laan mig din Lygte! (2.224)

Jean Léon-Gérôme: Diogenes siddende i sin tønde (1860) - Den græske filosof brugte lygten under sin jagt på en ærlig mand.
(Kilde: Walters Art Museum).

Altid spørge Menneskene, hvad Livet er, og sjelden falder det dem ind at spørge, hvad Døden er. Og dog er det vist, at Døden ikke kan forklares af Livet, men Livet kun af Døden, og den er en Nar, der spørger, hvad Livet er, uden i det mindste at komme til den Overbeviisning, at han først maa besvare, hvad Døden er (2.238)

I Døden er der Mening. [..] den, der rider paa dens Hest, kan spotte hele Verden (2.59)

Hvad vil Mennesket? Mad, Drikke, Kjærlighed, Ære -, det er egentlig Alt, hvad han vil, og som han indbefatter under Ordet: at leve (2.32)

Naar Mennesket ikke har noget Haab mere, da kan han ikke leve (2. 138)

Naar man afslutter sig fra Verden, da hører man Røster, man ellers aldrig fornemmer (2.207)

Livets Værd betinges ved den Brug, man gjør af Dissonanserne (2.389)

Naar Illusionens Sæbeboble er bristet, længes man da ikke efter Illusionens Pragt midt i Tilværelsens Nøgenhed? (2.223)

Livet har en Haanlatter i sit Aasyn, naar man, berøvet sine kjæreste Forhaabninger, seer det nyfødt svinge sig frem af Nattens forfriskende Bad (2.53)

Livet, det menneskelige Liv, skal enten være en Fortvivlelse eller en Salighed. Er det det første, kan der dog være Haab om, at det kan blive det sidste, men et taaleligt Liv fører til Intet og er en Usselhed (2.347)

For Legemets Tørst frygter Mennesket og garderer sig imod den paa alle mulige Maader; men Sjælens Tørst, den tænker han ikke paa, derfor overrasker dens Pine saa forfærdeligt (2.233)

Du selv maa finde Ordet, der kan føre dig frelst gjennem Labyrintherne (2.44)

Ene -! Hvor der ligger en Evighed i dette Ord! Hvor det er rædselssvangert i sin Tomhed (2.136)

Hvorfor -, Hvorfor? -, Hvorfor? O dette ubesvarede, ubesvarlige Hvorfor! (2.120)

Splenham:
Vær sikker paa, at saalænge man seer paa Livet som paa en Ungmø, bliver man aldrig gammel (1.103)

Skjønhed er Qvindens Nøgle til Glædens og Nydelsens Tempel, at sige, naar denne Nøgle haandteres af en dannet Aand (1.153)

Man giver aldrig efter for Omstændighederne, uden bag efter at blive pidsket af Furierne (1.109)

Erindringen er en Sovedrik, der sløver Sjælen og gjør den uskikket til at gribe kraftigt ind i Livet (1.123)

Hvad man indbilder sig, det er man (1.360)

Og hvo tør sige han kjender et Menneske? Naar En taler for mig om sin Menneskekundskab, saa veed jeg strax, at han er en Trompeter (1.149)

Selvkundskab er maaske endnu sværere at erhverve end Menneskekundskab. Af hundrede Mennesker er der ikke eet, der kjender sig selv, ikke eet, der har Mod til at demaskere sig for sig selv (1.124)

Den, der ikke vide at vurdere sig selv ret, vide heller ikke at vurdere Andre (1.21)

Natalie:
Naar man først begynder at tage Omstændighederne i Betragtning, er man jo allerede paa Veien til Afsindighed. Man giver aldrig efter for Omstændighederne uden at angre det (1.238)

Saaledes skal Sjælen være en Melodi, der samler Toner fra det Svundne og Anede til et tryllende Spil – det kalder jeg Liv! (1.278)

Seieren skaber Herskeren, hvordan den end vindes (2.369)

Fra Mørket seer man tydeligst, hvad der foregaaer i Lyset (2.371)

Angelique:

Der skal en høi Grad af Kjærlighed til, for at handle lige imod sin egen Interesse (1.60)

Det er hendes [kvindens] Længsel at see ham [manden] fremtræde som en Helt paa Livets Skueplads; [..] det er hendes inderligste Ønske at bidrage endog kun et Sandskorn dertil. Mandens Storhed er netop det, Qvinden helst er stolt af (1.67-68)

Der er ingen Tilfredshed i Sjælen lig den, der gjennemstrømmer den, naar man har fundet og besidder det, hvormed man kan hænge med al sin Kjærlighed (1.71)

Edvard (kunstmaler):

Digter- og Kunstnernavnet erhverves ikke for godt Kjøb, og, for at frembringe Roser, maa man havde danset paa Torne. Ja, for at skue Farverne i deres Lyskilde, hvorfra de broget sprede sig over Universet og vise Ideens Spor gjennem Chaos og Rummets Fordeling, derfor maa man have gjennemvandret Jammerens Boliger og Rædslernes Huler (2.302-303)

En unavngiven gejstlig:

Sukkene ere Gjenlyd af Troens i Sjælen arbeidende Redskab. Veien fra Jorden til Himlen er belagt med Angerens Sukke (1.401)

En unavngiven filosof:

Der er altid et Moment af Haabløshed i Sukket. Naar Sjælen svinger som et Pendul mellem Haab og Frygt, da frembryder Sukket kun paa det sidste Standpunkt (1.403)

Vilhelm:

Hos en Qvinde, der virkelig er dette, kan man altid være vis paa at træffe denne Dyd [ædelmodighed], naar Spørgsmaalet er om en Mand, for hvem hun enten nærer eller kan nære Kjærlighed (1.58)

Fortælleren:

Det jordiske Tab er Brødens Sonoffer for en evig Besiddelse (2.319)

LIVSLÆNKER

Sandro:

Der er en Styrelse, der ordner ogsaa det enkelte Menneskes Liv for et bestemt Maal, uden derfor at indskrænke hans Frihed (132)

Sorgen er altid en hellig Hemme-
lighed, som man kun taler om til
enkelte Faa, hvis Venskab man har
prøvet (266)

Hvad Manden tilkjæmper sig igjen-
nem Erkjendelsen, har Qvinden of-
te gjennem Følelsen; det har saale-
des Rod i hendes Væsen (386)

Livet sammenslynger let sine For-
viklinger, men Løsningen er tvivl-
som (249)

Dugliave:
Det er umuligt for en Qvinde at be-
holde Kjærligheden til en Mand,
for hvem hun har tabt Agtelsen
(410)

Man kan angive et Menneske Ret-
ningen, hvorhen han skal søge sit
Maal, men Veien derhen maa han
selv finde (434)

Kun den er ung, der ikke har maat-
tet bøie sig under Erindringernes
Vægt eller er lagt i Smertens Læn-
ker (85)

Ædelt er kun det Menneske, der
kan hæve sig over Had selv i For-
hold til sine Fjender, og hos hvem
Sorgen over deres Slethed qvæler
Vreden og Bitterheden (386)

Hvad kan det da hjælpe [..] den i
Livets Strid Gispende at søge

Hjælp og Raad hos Videnskabs-
manden? Han har hængt Livet op
til at vindtørres paa Tænkningens
Snor (92)

Hvor besynderligt kunne dog Men-
nesker føres sammen som et Gjøg-
lespil for Livets styrende Magter
(62)

Der er Øieblikke i Menneskelivet,
da Livets Styrer træder Mennesket
nær og opgiver ham at ønske. [..]
Det kommer saa an paa, hvorledes
man forstaaer at ønske og modtage
(86)

Fortælleren:
Naar Qvinden taler for Kjerlighe-
den, forsvarer hun den Borg, der er
hendes egen, den Skat, hun er sat til
at vogte (82)

Skulde det ikke netop være Kjær-
lighedens underfulde Magt, at den
kaster Idealets Skjær over enhver
Qvinde, der bliver dens Gjenstand.
[..] I den Qvinde, vi elske, maae vi
skue Indbegrebet af al qvindelig
Herlighed og Ynde. Ellers er Kjær-
ligheden ikke virkelig, ikke sand
(195-196)

Ganske vist er det Hovedsagen i
Livet at ville være sig selv (100)

8. ØJET I UNIVERSETS CENTRUM

I en anbefaling til et rejselegat, Kofoed-Hansen søgte i 1847, kaldte kronprins Frederik (den senere Kong Frederik VI) ham "en genial Forfatter" (J/368), hvorimod præsten og forfatterkollegaen Johannes Fibiger lidt nedladende omtalte Kofoed-Hansen som "en halv Forfatter" (J/451). Ingen af dem havde ret. Som det så ofte sker, ligger sandheden et sted midt imellem to ekstremer: Kofoed-Hansen var ikke et geni, men han var bestemt en hel forfatter. Det skulle gerne være fremgået af denne bog.

Afslutningsvist vil jeg forsøge at sammenfatte det livssyn, der ligger bag Jean Paul-bøgerne. Måske kan det være denne bogs læsere til trøst og vejledning?

„Philisternes Rige og Ideens Verden" – Ligesom Kierkegaard med titlen på sit hovedværk *Enten-Eller* angav sit grundtema (valgets øjeblik hvor hin enkelte overtager sig selv i sin evige gyldighed), beskrev Kofoed-Hansen med titlen på sit hovedværk *Kjød og Aand, eller De to Veie* menneskets grundvilkår i verden (vi er i et stakket antal år splittet mellem det jordiske og tidsbegrænsede - „Kjødet" - og det evige og tidløse - „Aanden" - og vores livsopgave består i at finde den gyldne middelvej).

Som forfatter navigerede Kofoed-Hansen meget genrebevidst mellem polerne. "Der er en Flagren i min Sjæl undertiden, som vilde den tage Flugten og ile mod det Evige" (J/453), vedgik han i *Her og Hisset*. Livet igennem havde han en "Hang til at forholde sig til den fænomenale Verden som paa Gennemgang" (J/563). Men selvom det egentlige, det paradisiske efterliv *hisset*, vinkede forude, kunne han alligevel ikke undertrykke sin trang til at engagere sig i samfundsdebatten *her*. "Forgjæves strider jeg imod, min Fod glider, jeg kommer dog ind i det politiske", som han udtrykte det med en omskrivning af et diapsalmata i Kierkegaards *Enten-Eller* (SV 2.38):

"Forgjeves strider jeg imod. Min Fod glider. Mit Liv bliver dog en Digter-Existents. Kan der tænkes noget Ulykkeligere?"

I Kofoed-Hansens faglitterære forfatterskab, som han udgav i sit eget navn, tog han stilling til *sin tids* problemer, hvad enten de var af udenrigs-, indenrigs-, kultur- eller kirkepolitisk art. Disse bøger hørte *kødets verden* til. I sit skønlitterære forfatterskab, som han udgav under pseudonymet Jean Pierre, beskrev han vores grundvilkår *til alle tider*, vores splittethed mellem det jordiske og det himmelske, tiden og evigheden. Disse bøger hørte *åndens verden* til.

Peter Ludvig Møller
(træsnit)

Peter Ludvig Møller (1814-1865) var en dansk litteraturkritiker. I dag huskes han især, fordi Henrik Stangerup portrætterede ham i romanen Det er svært at dø i Dieppe *(1985), og fordi han var indblandet i en batalje med Kierkegaard i 1845-1846. Uden at nævne navne skrev Møller umiddelbart herefter om "de aandelige og legemlige Filistre og Drivere i vort gode Kjøbenhavn, hvis hele Væsen og Færd er mig af inderste Sjæl modbydelig".*

Litteraten Peter Ludvig Møller roste Kofoed-Hansens "klare, livlige og tankerige Fremstilling", "hans yderst sjeldne Mesterlighed i Stil og Foredrag", og hans evne til "at organisere sin Fremstilling til et kunstnerisk Hele". Han var kort og godt "en tænksom og dygtig Forfatter", der udfoldede "sit Talent med ualmindelig Sikkerhed og Modenhed" (Møller/216-220). Netop derfor havde Møller så svært ved at forstå, at Kofoed-Hansen helt åbenbart ikke kunne vælge mellem politik *eller* kunst, kød *eller* ånd.

Møller gav sin forundring luft i nogle åbne breve til Kofoed-Hansen (jfr. J/376-381): "Hvorfor vilde De dog ikke nøies med at være

Forfatter af nogle af de skjønneste Ark i vor nyere Litteratur?" Han burde indse, at der er "sat et evigt Fjendskab mellem Philisternes Rige og Ideens Verden, mellem Spidsborgeriet og Litteraturen som Organ og Repræsentant for Ideernes Bevægelse og Aandens frie Udvikling". Og Møller afrundede sin kritik af Kofoed-Hansens vægelsind med dette gode råd: "Her vil jeg slutte med det Ønske for Dem, at de vil beslutte Dem til at leve heelt og holdent for den digteriske Produktion, hvor man kan vente og fordre noget Udmærket af Dem".

Desværre fulgte Kofoed-Hansen ikke denne velmente opfordring. Efter de tre første Jean Pierre-bøger tog han tværtimod tre årtiers skønlitterær pause, hvilket man godt kan ærgre sig over i dag. Hvad kunne han ikke have skabt i sine manddomsår? Måske var det svært at komme igen efter *Kjød og Aand*, måske mente han, at han allerede havde sagt alt, måske gav hans storværk ham ikke det gennembrud, han havde håbet på, måske tyndede den digteriske inspiration bare ud?

Mod slutningen af sit liv indså Kofoed-Hansen, at hans romaner ville blive hans mulige arv til eftertiden, for hvem hans faglitterære forfatterskab kun ville have historisk interesse. En af hans nekrologskrivere gav således dette rørende øjebliksbillede af den aldrende digter (J/622): "Et Glimt af glad Forundring saas dog i hans Blik, naar Talen faldt paa Jean Pierre og hans mærkelige Bøger fra svundne Tider".

Forfatteren som en almægtig Gud – Når Kofoed-Hansen red sin Pegasus bag sit pseudonym, havde han konstant sin teologiske ballast med i bagagen. Han var i bund og grund en opbyggelig forfatter, der ville underholde sine læsere samtidig med, at han ville vejlede dem. Han prædikede således en kristen livslære, også når han afførte sig præstekjolen og tog digterhatten på, og han gjorde det med en blanding af konversation og dramatik.

Man kan mene, at han derved satte sig mellem to stole. På den ene side fører personerne i hans romaner lange, dybsindige samtaler om livets store spørgsmål i et sprog, der kan virke tungt og kunstigt i hvert fald på nutidige læsere, på den anden side er der en befriende fart over feltet i bøgernes handlingsmættede og undertiden næsten kulørte passager. En duel med en dødelig udgang, et iscenesat selvmord udført under en oplæsning af en Byron-tekst, en vanvittig morder der vil skære hjertet ud af kroppen på sit offer, en kvinde der bliver levende begravet, en eksotisk røverbande i de syditalienske bjerge ... Hvad mere kan man ønske sig? I sandhed: Smæk for skillingen! Krasse virkemidler var ikke noget, Kofoed-Hansen veg tilbage for. Man mærker efterdønningerne fra Jean Paul og den tyske rædselsromantik. Det *eftertænksomme* i Jean Pierre-bøgerne appellerede til de intellektuelle, det *dramatiske* til husarerne. Der var imidlertid tale om to sider af samme sag: De reflekterende og de episke passager belyste og „forklarede" gensidigt hinanden. Hele sin forfatterkarriere igennem genbrugte Kofoed-Hansen i en vis udstrækning det kompositoriske greb, han introducerede i *Dialoger og Skizzer*.

Ligesom Vorherre sidder udenfor verden og kan overskue hele den sindrige labyrint, vi kalder menneskelivet, sad romanforfatteren Kofoed-Hansen udenfor sit værk og sammenknyttede som en almægtig Gud alle handlingstråde og menneskeskæbner på en måde, der tilfredsstillede hans behov for en ophøjet, transcendentalt funderet mening med alt, hvad der sker. For at illustrere/forklare denne mening og for at holde læsernes interesse fanget, vekslede han mellem samtale og handling, livsfilosofi og epik. Han forkyndte samtidig med, at han fortalte.

Mellem Skylla og Charybdis – Kofoed-Hansen formede sit livssyn på en tid, hvor kristendommen var det fælles grundlag for de fleste danskere, lærde såvel som menigmand. I den kristne optik består vi af en fysisk del, som er underlagt tiden, forfaldet og ultimativt døden, og en åndelig del, som er udenfor tiden og dermed evig. Det er således kun midlertidigt, mens vi har vores gang på jorden, at vores åndelige del er indkapslet i et fysisk legeme, som Kierkegaard med tydelig ubehag kaldte "dette gjennemsvedte lumre Grød-Omslag" (Pap. VI A103). Kroppen er blot en ydre, forgængelig skal om vort egentlige, evige jeg.

Livsopgaven i de år, der bliver os beskåret, består i at finde den rette balance mellem det timelige ("Kjød") og det evige ("Aand"). Disse to poler udgør Skylla og Charybdis, hvorigennem livssejladsen foregår. *Aand og Kjød, eller De to Veie* var Kofoed-Hansen mest ambitiøse forsøg på at finde en farbar rute uden at falde i kløerne på de to skrækkelige uhyrer fra Homers epos *Odysseen*. Og Kofoed-Hansen var ikke et sekund i tvivl om, hvilken vægtskål, der vejede tungest: Menneskets "Aand" består evigt, mens dets krop, "Kjød", forgår, og det evige må nødvendigvis have førsteprioritet i forhold til det timelige. Lykkes livssejladsen med hovedvægten lagt på "Aanden" og skyldig hensyntagen til "Kjødet" kan vi med sindsro gå vores fysiske undergang i møde. Vi ved jo, at døden ikke er den endelige udslettelse men blot en transformation, hvor vi som sommerfugle lægger vores temporære pupper bag os, så vores udødelige sjæle kan indtræde i det postmortale salighedsrige. Men hvordan skal vi da helt præcist leve vort liv *her*, mens vi venter forløsningen *hisset*?

Den røde og den sorte tråd - I 1800-tallet var England verdens største søfartsnation, som forbrugte uendelige mængder tovværk i landets talløse sejlskibe. Rebet var af en ekstra god kvalitet, og for at det altid kunne genkendes ved et evt. tyveri, indflettede man en rød tråd i det. H.C. Andersen gav denne tråd en overført, symbolsk betydning (*Mit Livs Eventyr*, 1855/udg. 1975, bd. 1, s. 214):

"I den engelske Marine gaaer der gjennem alt Tougværket, smaat og stort, en rød Traad, der viser, at det tilhører Kronen; gjennem det menneskelige Liv, i Smaat og Stort, gaaer der en usynlig Traad, der viser, at vi tilhøre Gud". Denne Overbeviisning, som jeg har følt og nedskrevet i Romanen *De to Baronesser*, er og lever hos mig, jeg er gjennemtrængt af den.

Også i dag refererer vi til den røde tråd. Når vi triumferende erklærer, at vi har fundet den røde tråd, mener vi, at vi har opdaget en sammenhæng mellem forskellige, tilsyneladende enkeltstående begivenheder i vort liv. Alt er ikke bare tilfældigt, der er trods alt en mening med det hele (som vi ofte siger). I dybere, filosofisk forstand refererer den røde tråd ikke blot til separate oplevelser men til hele menneskelivet set under ét. Mangler den røde tråd savner ens tilværelse kontinuitet, den atomiseres i enkeltstående øjeblikke eller livsafsnit uden nogen som helst sammenhæng med de foregående eller de efterfølgende. Kierkegaards æstetiker i *Enten-Eller* er et skræmmende eksempel på et sådant trådløst menneske (SV 2.38):

Mit Liv er aldeles meningsløst. Naar jeg betragter dets forskjellige Epocher, da gaaer det med mit Liv som med det Ord Schnur i Lexikonnet, der for det første betyder en Snor, for det andet en Sønnekone. Der manglede blot, at det Ord Schnur for det tredie skulde betyde en Kameel, for det fjerde en Støvekost.

Da vi har svært ved at udholde et brudstykkeliv uden indre sammenhæng og konsekvens, da vi ikke kan leve med, at alting akkurat lige så godt kunne have været helt anderledes, søger vi desperat efter den røde tråd. Alle mand tilslutter vi os Shubiduas efterlysning: "Hvor mon den er den røde tråd"?

Det var særegent for Kofoed-Hansen, at han udover en rød også opererede med en sort tråd. Sandro forbander eksempelvis det forfærdelige øjeblik, hvor "den sorte Traad skulde slynges ind i min Tilværelse, den Traad, ad hvilken mit Liv har maattet spindes til ende" (*Livslænker*, 121-122). Den sorte tråd skaber måske nok en vis form for kontinuitet, men den gør det på en ond måde, som gør det svært for den enkelte i at træde ind i et socialt fællesskab og leve et normalt hverdagsliv. I Sandros tilfælde umuliggør hans specifikke sorte tråd (slægtsforbandelsen, løftet), at han kan gifte sig og føre slægten videre, hvilket vel dybest set er menneskets eksistensberettigelse.

Bortset fra *Dialoger og Skizzer*, som er en énstrenget apologi for fysiognomiens fortræffeligheder og derfor står ret isoleret i forfatter-

skabet, handler Kofoed-Hansens romaner om „det Uendeliges Bryd-
ning i det Endelige, som i Mennesket har sit Culminationspunct"
(*Kjød og Aand*, 2.347). Brydningen sker i form af røde og sorte trå-
de, der filtrer sig ind i hinanden og skaber en arabesk, som virker
flimrende, uigennemskuelig, tilfældig og uretfærdig. Tilværelsens u-
udgrundelighed gør, at Kofoed-Hansens hovedpersoner som ud-
gangspunkt føler, at de balancerer på kanten af en skrækindjagende
afgrund. Og så sker det … De mister fodfæstet i deres liv. Med
Sandros ord (*Liv i Død*, 292): „Livet havde ligesom kastet mig ud
paa Tilfældets Strømninger; Grund under Fødderne havde jeg e-
gentlig ikke mere".

Den „eventyrlige Vandring" (*Kjød og Aand*, 2.345), Kofoed-Han-
sens personer begiver sig ud på, handler om igen at få fast grund un-
der fødderne. Under vandringen bliver nok de involveret i højdrama-
tiske begivenheder, men den er dog først og fremmest en indre rejse,
hvor „det Uendelige" gradvist vinder større og større magt over „det
Endelige", indtil de evt. når frem til en bærbar balance mellem
„Kjød" og „Aand", som de kan leve resten af deres liv på.

Vendepunktet under vandringen indtræder, når personerne indser,
at både den røde og den sorte tråd i sidste instans spindes af Gud
(abbeden i *Død i Liv*, 373): "Styrelsen fører Mennesket ad sælsom-
me Veie, men altid efter det Øiemed, den Tanke, det har med Men-
nesket". Marionetmesteren Vorherre trækker *altid* i begge tråde, for
han er den eneste, der kan overskue arabeskens talløse forgreninger
(fortælleren i *Død i Liv*, 403): „Kun det Øie, der sidder i Centret af
Universets Liv, kan følge de enkelte Traade i deres mangfoldige
Sammenslyngninger". I vort jordeliv må vi slå os til tåls med en
dybtfølt tro på og tillid til dette øje i det høje. Kun således kan vi
finde mening i og forsone os med livet.

Theseus og Ariadne (gravering, Crispijn van de Passe, 1602-1607)
Ifølge den græske mytologi dræbte atheneren Theseus flere århundreder
før vor tidsregning kretenseren Androgeos, der var søn af Minos, som
var konge i Knossos på Kreta. Som hævn lod Minos hvert år 7 mænd og 7
kvinder fra Athen ofre til Minotaurus - et skrækkelige uhyre med et ty-
rehovede og en menneskekrop - som herskede over labyrinten i Knossos.
Theseus ville sætte en stopper for disse grufulde menneskeofringer og fik
dertil hjælp fra Minos' datter Ariadne, der havde forelsket sig i ham.
Offervillig trævlede hun sin smukke kjole op og samlede garnet i et garn-
nøgle, som hun gav Theseus med ind i labyrinten. På den måde lykkedes
det ham at finde tilbage til dens udgang efter, at han havde dræbt
Minotaurus. Set fra en kønspolitisk synsvinkel er det interessant, at det
var kvinden, der frelste manden fra fortabelse! Theseus og Ariadne
flygtede sammen fra Kreta, men uvist hvorfor lod han hende alene tilbage
på Naxos, mens han selv fortsatte til Athen, hvor han blev konge. Hun
blev senere gift med vinguden Dionysos.

Labyrinten og Ariadnetråden – Udover røde og sorte tråde refererede Kofoed-Hansen flere steder i sit forfatterskab til en labyrint og en Ariadnetråd (se side 95 og side 116 i denne bog). I en direkte forfatterkommentar i *Kjød og Aand* konstaterede han mistrøstigt (2. 317): „Mange Mennesker gaaer Livet igjennem, uden at man kan opdage den mindste alvorlige Higen hos dem efter at finde Ariadnetraaden gjennem dets mange Labyrinther". Disse overfladiske og åndløse spidsborgere er slet ikke klar over, at de befinder sig inde i en labyrint, og derfor søger de heller ikke efter Ariadnetråden. Kofoed-Hansens hovedpersoner er derimod smertefuldt bevidste om, at livet er en indviklet labyrint, hvorfor de desperate søger efter udgangen. Axel taler eksempelvis om, at "Traaden slipper, og han famler i Labyrinthens Mørke" (2.11). Og har man først indset, at man er trådløs, „gives ingen Hvile [..], før en Traad er funden, den være - objektiv betragtet - sikker eller usikker. Og denne Tanke var vaagnet hos Axel" (2.317).

En labyrint er et „indviklet og uigennemskueligt system af passager og blindgyder", som udgør et „mønster eller helhed af enkeltdele" (*Den danske Ordbog*). Labyrinter optræder tit i kunsten, både i konkret og i overført betydning. Ja, verdenslitteraturen ligefrem vrimler med dem. Vi møder dem bl.a. hos Vergil, Seneca, Dante, Franz Kafka (tranebogsudgaven af *Processen* prydes ligefrem af en labyrint), Jorge Luis Borges og Umberto Eco. Af danske forfattere må nævnes Jens Baggesen, som kaldte sin rejsebog *Labyrinten* (1792-1793). Rent visuelt virker virker labyrinter meget fascinerende på film. I *Gøg og Gokke i Oxford* (1940) farer komikerparret til biografgængernes store morskab vild i universitetets havelabyrint, mens de til gengæld skræmmes fra vid og sans, når Jack Torrance bevæbnet med en økse jagter sin søn Danny i en islabyrint i *Ondskabens hotel* (1980). Talløse computerspil er opbygget omkring en labyrint af en eller anden art, og spillene går i al deres gribende enkelthed ud på at finde udgangen af f.eks. en naziborg (*Wolfenstein*) eller en underjordisk fangekælder (*Doom*). Musikelskere kender labyrinten fra The Rolling Stones' album *Their Satanic Majesties Request* (1967). På coveret ses rullestenene iført farvestrålende troldmandskostumer. Noget magisk er åbenbart i vente, og slår man albumcoveret op, finder man da også på indersiden en farvestrålende labyrint. I dens centrum står blot „It's Here". Henviser det til lykken, som alle mennesker til alle tider efterstræber? I så fald er lykken ikke blot lunefuld men ligefrem uopnåelig, eftersom labyrinten er konstrueret på en sådan måde, at man ikke kan nå ind til dens kerne. Af hjemlige musikere har Niels Skousen taget labyrinten til sig i nummeret „68", hvor han tegner et kærligt portræt af 1968-generationen, som elskede Østens mystik, Vestens beatmusik, euforiserende stoffer og fri sex. Han runder sangen af med „en hilsen til dem/der fór vild i labyrinten/Og blev derinde, og forsvandt" (albummet *Dobbeltsyn*, 2002). Fortaber man sig i labyrinten irgange, kan det åbenbart få dødelige konsekvenser (jfr. steppeulven Eik Skaløe).

For Kofoed-Hansen var troen på øjet i universets centrum den Ariadnetråd, der kan føre os frelste ud af labyrinten. Vort udsyn vil altid begrænset, men alligevel er vi konstant tvunget til at vælge mellem forskellige muligheder uden helt at vide, hvor de på lang sigt fører hen? Skal jeg vælge jobbet i Thisted eller Tønder? Skal jeg gifte mig med Anette eller Linda? Gud, derimod, befinder sig udenfor labyrinten, han har det suveræne overblik, og vi må fæste lid til, at han kun vil os det bedste. Også selvom livet undertiden kan gøre ondt. „Ske din [Guds] vilje som i himlen således også på jorden", hedder det i Fadervor. Først når vi dør, når vores indkapsling i kød og tid ophører, får vi den definitive forklaring på samspillet mellem de røde og de sorte tråde, der udgjorde vort liv. I evigheden bliver alt åbenbaret og dermed også forklaret.

Skæbnen og forsynet - Når vi har fået et godt greb i Ariadnetråden og påbegynder vores (livs)lange vandring mod labyrintens udgang, skifter vi samtidig *skæbnen* ud med *forsynet* som den overordnede forståelsesramme for vores liv. Så længe vi føler os prisgivet skæbnen, oplever vi os selv som viljeløse marionetter i grumme magters spil. Alting forekommer tilfældigt, uretfærdigt og meningsløst. Når vi begynder at abonnere på forsynet, føler vi os under en barmhjertig Guds beskyttende vinger. Skæbnen binder, forsynet frigør.

Uden Vorherre kaster vi os hvileløse rundt i "Livets fuultgjøglende Favn", "Tilfældets gjøglende Favn", med Gud hviler vi trygt i "Godhedens Favn" (Det første udtryk stammer fra Axel i hans vanvidsperiode (2.214), de to sidste fra *Liv af Død*, hvor tilfældet er lagt i munden på Johannes og godheden på Elisabeth (hhv. 215 og 137)). For en sand troende er onde begivenheder kun midlertidige tilbageslag. De udgør nødvendige trædesten til det næste trin i den dannelsesproces, der er jordelivets formål. Processen slutter, når vi med overbevisning kan nikke samtykkende til de visdomsord, hvormed H.C. Andersen indleder sine erindringer *Mit Livs Eventyr* (1855): "Mit Livs Historie vil sige enhver, hvad den har sagt mig, at der er en god og kærlig Gud, der leder alt til det bedste". Når vi med et tilbageskuende klarsyn indser, at vi hele tiden har hvilet i "Godhedens Favn", er vi rede til at omlægge vores liv på en sådan måde, at vi med sindsro kan gå evigheden i møde.

"Herrens Vei skal vandres" - Man kan spørge, om det ikke er muligt at springe over, hvor gærdet er lavest? Kan vi ikke slippe for det tit lidelsesfyldte, tornebekransede jordeliv og straks indtræde i evigheden ved f.eks. at begå selvmord? Nej, lyder Kofoed-Hansens bestemte svar.

"Der kommer ingen over Styx uden Færgeløn. Hvad nytter et følgende Liv, naar det Første er forspildt. Kun den, der har seet Ærkefjenden koldt i det forføriske Aasyn, kan rolig gribe Dødens fremstrakte Haand" (fortælleren i *Liv af Død*, 74). Færgemanden Charon kræver godt nok en pekuniær betaling for at fragte den døde over floden Styx ind i de dødes rige, men den vigtigste "Færgeløn" består dog i, at man har levet sit jordiske liv på en sådan måde, at det forbereder og kvalificerer én til det evige liv.

Charon
(illustration af Paul Gustave Doré)

"Og det var den færgemand"
(Johnny Madsen)

I den græske mytologi adskiller floden Styx de levendes og de dødes land, og det er færgemanden Charons opgave at fragte den døde over floden. De efterladte betaler ham ved at lægge et par mønter på den afdødes øjenlåg. Man må så blot håbe, at skattevæsnet ikke konfiskerer pengene (jfr. Beatles-sangen Taxman fra albummet Revolver, 1966). Blandt de danske forfattere, der har ladet sig inspirere af det græske sagn, kan nævnes H.C. Andersen ("Historien om en Moder") og Johannes V. Jensen ("Naaede de færgen?").

I *Liv af Død* komprimeres vores livsopgave i én eneste sætning (26): "Herrens Vei skal vandres før vi maae gribe efter Maalet". Ja, det evige liv er det vedvarende og dermed det egentlige, men heraf kan man ikke slutte, at det er ligegyldigt, hvordan vi lever vores jordiske liv. Herrens vej *skal* vandres, vi *skal* udføre vores livsgerning i "Kødet"s verden, før vi kan indtræde i "Aanden"s. Personerne i Kofoed-Hansens romaner vælger meget forskellige veje, hvoraf nogle blot fører endnu længere ind i labyrintens mørke – fortabelse – mens andre fører ud af den – frelse.

Som eksempler på *fortabte* mennesker kan nævnes kunstmalerne Frants (*Dialoger og Skizzer*) og Edvard (*Kjød og Aand*). De bliver begge vanvittige: Den første ender med at tvivle om selve virkelighedens realitet (er vi overhovedet til?), den anden magter ikke at male den idé, der forklarer hele tilværelsen, og dræber i desperation den kvinde, han elsker.

Som eksempler på *frelste* mennesker må først og fremmest nævnes Axel (*Kjød og Aand*). Hans udvikling fra en overfladisk æstetiker til en religiøs vismand, der tager ansvaret på sig som enlig far og samfundsborger, er beskrevet meget overbevisende. En anden af de frelste er kunstneren Sandro (*Livslænker*), som opfylder sin livsopgave ved at male Madonna med barnet samt Jesus på korset. Nævnes må også den tvivlende præst Johannes (*Liv af Død*), der efter sin hustrus død bliver dybt troende og bruger resten af sit liv på at forkynde Guds ord og trøste dødsangste mennesker ved at give dem lovning på Paradis. Såvel Dugliave (*Livslænker*) som Arthur (*Død af Liv*) soner deres synd med heltedøden på slagmarken.

Fortælleren i *Død i Liv* (406):
Livets Betingelser og Vilkaar er givne Mennesket; han kan kun i saare indskrænket Forstand forandre dem. Det kommer an paa, hvordan han hævder sig selv i dem. Han er ubetinget Herre over hvad Indtryk han vil lade Phænomenerne og Begivenhederne gjøre paa sig selv, hvad Indflydelse han vil indrømme dem paa det aandelige Resultat, hvortil han skal komme som Frugten af sit Liv. I den Henseende er der med Hensyn til det, man i Medfør af Nemesis fik i Arv fra tidligere Slægtsled, kun eet at gjøre, at tage det som en integrerende Deel af det Liv, man modtog, og gjennem Taalmod tvinge det ind i det Godes Tjeneste, idet man med hengivenhedsfuld Erindring fatter sig som Arvtager efter de Henfarne. Saaledes kommer der Forsoning ind i Livet.

Guds nåde - Livet leves forlæns og forstås baglæns. Citatet tilskrives Kierkegaard. Det er imidlertid en modificeret version. Den autentiske lyder således (Pap. IV A164):

Det er ganske sandt, hvad Philosophien siger, at Livet maa forstaaes baglænds. Men derudover glemmer man den anden Sætning, at det maae *leves forlænds.* Hvilken Sætning, jo meer den gennemtænkes, netop ender med, at Livet i Timeligheden aldrig ret bliver forstaaeligt, netop fordi jeg intet Øieblik kan faae fuldelig Ro til at indtage Stillingen: baglænds.

Heri var Kofoed-Hansen enig. Skulle man sætte hans forlæns/baglæns-opfattelse på en formel, kunne den lyde således: Livet leves forlæns og forstås baglæns … i Paradiset. I jordelivet opnår vi aldrig en *fuld* forståelse, men vi kan nå til en *halv* forståelse og hermed en *hel* accept, når vi indser, at kun Gud magter at udrede og forklare de røde og sorte livstråde, som for os forekommer sammenfiltrede på en slet og ret ubegribelig måde. Hvis vi når til denne erkendelse, kan vi med sindsro leve den resterende del af vores liv i den sikre forvisning, at vi opnår *den fulde forståelse* i den postmortale evighed, der venter os. Ja, selve umuligheden af at gennemskue livets arabesk til bunds, blev for Kofoed-Hansen et selvstændigt argument for at tro på et liv efter døden, hvor alle tråde ville blive udredt.

Men hvad sker der med de mennesker, som aldrig finder Ariadnetråden (troen på Guds uendelige godhed), som fører til udgangen? Ja, Kofoed-Hansen var bestemt ikke en svovlprædikant, der mente, at de trådløse efter deres fysiske død var hjemfalden til tænders gnidsel og uophørlig jammer i Helvedes evige flammer. Axel citerer "det gamle Sprog: af Naade ere I frelste" (2.349, jfr. Paulus' brev til Efeserne 2.8), og *Guds nåde* var da også en helt central del af Kofoed-Hansen kristendomsforståelse. Den gjaldt ultimativt alle, herunder også de fortabte personer som er nævnt ovenfor. På det punkt var han rørende enig med Kierkegaard, hvis trøsterige ord passende kan afslutte denne bog (SV 17.74 & Pap. XI2 A281):

Naar den uendelige Fordring er hørt og hævdet, [..] da tilbydes "Naaden", eller Naaden tilbyder sig, til hvilken saa den Enkelte, hver især, som jeg gjør det, kan henflye; og saa gaaer det nok. [..] Gud vil bære over med vor Skrøbelighed, fordi vi engang ere forkjelede ved fra Barn af at være opdæggede med christeligt Slikkerie og sød christelig Barnemad med Syltetøi i.

LITTERATUR

1. Hans Peter Kofoed-Hansens forfatterskab

Skønlitterære bøger udgivet under pseudonymet Jean Pierre:
Dialoger og Skizzer: af en Physiognoms efterladte Papirer (1840, 194 s.)
Liv af Død - En Fortælling (1842, 228 s.)
Kjød og Aand, eller De to Veie: en Sjælehistorie (1845, 2 bind på hhv.
  444 og 394 s.) - Udkom i 1852 i en svensk oversættelse
Livslænker - En Fortælling (1875, 438 s.)
Død i Liv - En Novelle (1887, 173 s.)
Kofoed-Hansen bruger betegnelserne "efterladte Papirer", "Fortælling",
"Sjælehistorie" og "Novelle" om sine Jean Pierre-bøger, men efter vore
dages sprogbrug og genredefinitioner er de alle romaner, hvorfor jeg kon-
sekvent omtaler dem som sådanne.

Faglitterære bøger mv. publiceret i Kofoed-Hansens eget navn:
Kofoed-Hansen udgav et stort antal bøger, pjecer, tidsskrift- og avisartikler
i eget navn. Alle disse titler samt henvisninger til utrykte manuskripter og
breve er medtaget i P.P. Jørgensens 15 sider lange og meget udførlige tids-
tavle i hans doktordisputats, hvortil der henvises (se nedenfor).
Her skal kun nævnes nogle af Kofoed-Hansens væsentligste faglitterære
bøger: Tegnet fra Himlen (1856), Dr. Søren Kierkegaard mod Dr. H. Mar-
tensen (1856). Søren Kierkegaard mod det bestaaende (1857), Indledninn-
ger, givne fra Prædikestolen (1863), Nationalitet og Christendom (1866),
Et Folk – Folket. Bidrag til Demotheismens Charakteristik (1868) og Her
og Hisset (1872).

2. Litteratur om Hans Peter Kofoed-Hansen
Andersen, Vilhelm: Illustreret Dansk Litteraturhistorie bd. 3
  (1924, s. 707-709)
Bertelsen, Otto: Hans Peter Kofoed-Hansen - en af Kierkegaards
  venner (i: Præsteforeningens Blad, LXXIX, 1989, s. 551-555)
Hansen, P.: Illustreret dansk Litteraturhistorie bd. 2 (1886, s. 489-491)

Horn, Fr. Winkel: Den danske Litteraturs Historie fra dens Begyndelse til vore Dage (1897, s. 387)

Jørgensen, P.P.: H.P. Kofoed-Hansen (Jean Pierre) med særligt Henblik til Søren Kierkegard. Bidrag til Belysning af aandskulturelle Strømninger i det 19. Aarhundredes Danmark (1920, 624 s.)

Korsgaard, Ole: Kampen om folket (2002)

Møller, Peter Ludvig: Kritiske Skizzer fra Aarene 1840 til 1847 bd. 1 (1847, s. 216-220)

Neiiendam, Michael: H.P. Kofoed-Hansen (i: Dansk Biografisk Leksikon, 3. udg. 1979-1984)

Nielsen, Fr.: H.P. Kofoed-Hansen (i: Brickas Dansk Biografisk Leksikon, 1893)

Poulsen, Mogens: Kierkegaardske skæbner (1955)

Østergaard, Vilhelm: Illustreret dansk Litteraturhistorie i det Nittende Aarhundrede (1907, s. 419-420)

Der citeres fra litteraturen om Kofoed-Hansen med angivelse af forfatterens efternavn efterfulgt af sidetal. Undtagelsen fra denne regel er Jørgensens bog, som blot angives med J samt sidetal.

Søren Kierkegaard citeres efter 3. udgaven af hans samlede værker (1962-1964) og 2. udgaven af hans papirer (1968-1978).

For Evighedens fulde Ombølgen – Tidens piinligt trættende Falden -, for Aandens hele Rigdom – Timelighedens usle Jammerlighed -, for den dybe Trøst og Hvile i Uendelighedens Favn - det evigtvexlende Savn og Nydelse mellem Endelighedens atomistiske Mangfoldighed -, see det er det Valg, Menneskene gjøre og troe sig vise derved. Istedetfor at glemme Endeligheden i Uendeligheden og igjennem denne til enhver Tid af have hiin hundredfoldig igjen, søge de denne i hiins utallige, foranderlige Skikkelser og Mennesker, i Phænomenernes betydningsløse Spil, og blive brede Aander istedetfor dybe og arbeide sig saa trætte i Enkelthederne, at hvor brogede de end ere, de dog tilsidst finde det Samme i dem -, det vil sige: Intet. (De vigtigste kerneord i hele Kofoed-Hansens forfatterskab, Kjød og Aand, 2.222).